獻給

我人生中第一位屬靈導師，在天家的陳國釗傳道

鳴動的信仰
古斌 著
基道出版社

▼

鳴動的信仰

BOOOM !! That's Faith

作者
古斌

責任編輯
梁冠霆

裝幀設計
Colan Ho

■

出版／發行
基道出版社
香港沙田火炭坳背灣街26號富騰工業中心1011室
LOGOS PUBLISHERS
Unit 1011, Fo Tan Ind. Centre, 26 Au Pui Wan St., Shatin, Hong Kong
電話：(852) 2687-0331　傳真：(852) 2687-0281
網址：http://www.logos.com.hk

承印
雅聯印刷有限公司

●

7/2012 初版
Cat. No. LP932
ISBN 978-962-457-442-5

刷次	10	9	8	7	6	5	4	3	2	1
年份	2021	2020	2019	2018	2017	2016	2015	2014	2013	2012

羅序

在眾多基督徒寫作人中，古斌是別有一格的。他不但文筆流順，而且邏輯嚴謹，論證適宜，態度真誠；他注意社會，關心教會，並且是少數敢於向教會提出問題的寫作人。古斌的文章經常引用時下流行的潮語，又能穿插電影、流行曲、漫畫，甚至社會事件、政治問題，更難得的是他能夠就基督徒信仰，從聖經、神學、社會學和哲學等不同向度作出反思和詰問，不但值得「年輕」的思考，也值得「年長」的反省。

古斌這個七十後，無論是思維、關注、表達方式，都和我這個五十後，而且將要「登陸」（六十歲，上岸退休）的，有著新潮與傳統、開放與保守、批判與建制的差異。但他卻要我為他的新書寫序。我們「時代」不同，「思想」有異，而且他的文章自會説話，我又有甚麼好説呢？那就從「七十後」談一點感受吧！

因為我是在七十年代初信主的，換言之，接觸基督教就是在那時開始。而且當時正是年青，對社會和教會都充滿了好奇和理想。

成長的經歷，是我一生難忘的。七十年代的香港社會和教會，雖然和今天的社會和教會好像有兩個世紀的距離；其實它們之間，相差卻只是三、四十年，算起來，剛好是一代人的光陰。換言之，如今的七十後，正好是接上七十年代的那一代人。所以，將來如何，還看七十後！

七十年代的香港，社會正在轉型，由貧乏走向富裕，由混亂走向建設。房屋、教育、醫療、廉政等等都在七十年代發展迅速；而教會在七十年代也有相當多的創新和發展。我説我是在七十年代初信主的，當年能找到的屬靈書刊，大概只有一些靈修性或研經性的，作者也是不多。但不久之後，基督教的出版漸漸多了，作者也多了，不同的論述也多了，甚至令人覺得有點「混亂」，但那時無論社會或教會都有相當的開放性。

為甚麼七十年代會產生像《獅子山下》那樣的「奇迹」? 戰後重建帶動建設需求，輕工業產品的出現，新經濟模式開始等都是原因。但戰後嬰兒的成長，亦是其中一個關鍵因素。那時一輩二十到四十歲的「青年人」，開始在社會和教會「乘虛而入，迎難而上」，才創出了「奇迹」。

突破、福音戒毒、華福運動、中神等等，都在七十年代相繼出現，而我現在所參與的院牧事工，起點也是 1979 年的一次「全人醫治研討會」，可見當時教會的開放性和創造力。當年創造這些改變的人，多數的年紀都是二十多到四十，也就是和今日的七十後八十後差不多。這些人不少還在我們當中，即使我們今天或會覺得他們陳舊保守，但不可否定他們也的確曾經新潮，並且為教會帶來改變。但上一個七十年代過去了，如今的七十後又能夠怎樣呢！

過去的七十年代是香港一個特別的年代，那時，新老交替、東西交匯、聖俗交鋒，造就了一個大環境。還記得那時有一份月刊叫《七十年代》，創辦人李怡説，有此定名，就是因為那是風起雲湧的年代，如今距離七十年代已經三、四十年，當年的建設，如今可能已經陳舊或不適宜了。因此不論是社會或教會，似乎都需要有所改變。再者，今天社會和教會對變革的渴求和需要，可能比七十年代更有過之而無不及。至於是否能夠再創一個「七十年代」，還看七十後。至於古斌，肯定是其中一個，這是我喜歡看他的書，並且樂於推介的原因。

羅杰才牧師

香港醫院院牧事工聯會總幹事

鄧序

我們的語言，總有一種幻象的作用，把要講述的東西客觀化，成為可以掌握在手（in hand）的而非只是就近而已。在西方哲學之中，爭論不已的 *Sein* 就是一個典型例子，究竟應該翻成 Being 還是 Be-ing？這中間要考慮的，正是它是一個客觀的東西，還是不斷顯現的事物？基督教也一樣，「福音」這個用語，同樣出現扭曲的轉化，成為可以掌握在手的東西。甚至與「福音」相關的「〔拯〕救〔的〕恩〔典〕」，也落入同樣的情況。上帝拯救我們，不是出於我們的操控，而為無條件的，所以稱之為恩典。這正正表示拯救作為恩典，不是可以掌握在手的，而只在於上帝自己的應許與信實。「福音」也有類似的情況。

我們今天的教會怎樣理解「福音」？把「福音」視作一件已經完成的產品，然後按著我們的慾望去解釋和消費這產品？解釋的慾望是與生俱來的。這是一種操控的技倆。透過分門別類把眼前的東西歸入知識的不同範疇，而可予以掌控。這裏沒有奧祕、沒有他者、沒有異己、沒有陌生。這樣我們就安全了。消費的慾望則更進一步。消費是建搭在解釋之上的。或者說，我們需要滿足甚麼的消費慾望，就提供甚麼的解釋。這一切之所以可能，是因為我們首先視「福音」為在手的東西，是因為我們的操控主體仍然是首出的。操控的慾望是更為根本的，解釋的慾望與消費的慾望都是由此而衍生出來的。

然而，「福音」的起頭，按照馬可福音來說，並不是我們自己。這不單表示我們並不是那位可以拯救我們自己的彌賽亞，更同時指出我們不是那位可以定義彌賽亞的終極者。「福音」是由拿撒勒人耶穌所活現出來的。「福音」是「好消息」的意思。但是甚麼樣的消息才是對我們好的呢？這個問題的答案，在乎由誰來回答。對於操控的主體來說，甚麼是好消息？對於那位在存有/本體上跟人不一樣的上帝來說，甚麼是好消息？如果好消息是由耶穌開始的，那麼潘霍華（Dietrich Bonhoeffer）的問題：「誰是耶穌基督？」就變得十分重要。潘霍華不單問「誰是耶穌基督？」更反覆提問：「今日，對於我們，誰是耶穌基督？」潘霍華的提問，不過是重複耶穌在通往十字架的道路上對門徒的提問：「人說我是誰？〔⋯⋯〕你們說我是誰？」（可 8:27~29）

今天的教會，都以為自己知道耶穌是誰？但這是真的嗎？耶穌所作的一切是甚麼呢？祂所教導的一切是甚麼呢？耶穌若生在今天，祂要針對、否定的會是我們的操控慾望，以及由此而衍生出來的解釋慾望與消費慾望嗎？抑或，我們把祂所作的一切、祂所教導的一切，都重新解釋過，以致可以滿足今日不同的消費慾望。我們還是沒有讓耶穌自己的言與行來告訴我們祂是誰、祂帶來的好消息是甚麼、祂對我們的要求。更甚的是，我們以上帝之名來施行解讀，骨子裏卻恐怕是自己也沒有醒覺的操控慾望，主宰著我們對耶穌的認識，以及消費。

耶穌是誰？祂一生的言與行所帶來的是甚麼的好消息？祂開始的「福音」是否正是喚醒我們從操控的慾望逃離出來？如果這樣，那麼祂開始了的「福音」並非在手的，並非滿足我們種種消費慾望，卻是對我們的質詢、挑戰，要我們轉身跟隨祂走上那條我們這個世界無法接受的道路。只有走在這條道路上面，教會才是教會，教會才成其所是。耶穌的好消息、「福音」，就是三一上帝要創造一個新的人類羣體，但我們都在這個新的人類羣體之中嗎？抑或我們自以為在這個新的人類羣體之中？我們以為「福音」在手、「〔拯〕救〔的〕恩〔典〕」在手，但殊不知「福音」永遠不在我們的手中，「〔拯〕救〔的〕恩〔典〕」也永遠不在我們的手中；相反，我們只能跟隨著耶穌——跟隨耶穌就是悔改、回轉——像祂一樣的生活，才能成為這個新人類羣體的一分子，才能有分「福音」、「〔拯〕救〔的〕恩〔典〕」。這種跟隨，永遠都是戒慎恐懼的。

古斌這本文集關心的正是「福音」是甚麼。也許不是每一個人都同意他每一篇文章的分析和論述，正如我也並不同意古斌對他所謂的「港式『尤達—侯活士路線』」的批判：忽略「福音」的個體性。

潘霍華就反對祈克果式（Kierkegaardian）的個體觀；他在《追隨基督》（*The Cost of Discipleship*）中表示，耶穌來是呼召每一個人跟隨祂，但卻同時呼召每一個人加入祂所建立的新人類羣體。沒錯，個體之回轉是首要的，但並非終點。然而，即或不是每一個讀者都同意古斌，但這並不表示雙方沒有任何對話的空間，或是無須進入對話之中。按照尤達（John H. Yoder）的了解，教會作為門徒羣體，當中每一個跟隨耶穌的，正是因為同樣以耶穌為主，不以自己為終極絕對的，故此為一個恆常對話的羣體，需要不斷踐行言說與聆聽的雙重責任。願這本文集能促發更多的言說與聆聽，願在這條「福音」的道路上因著生命認信耶穌是主而有更多的言說與聆聽。是為序。

鄧紹光

2012 年 5 月 1 日

寫於香港浸信會神學院

曾序

基督教標榜自己是一種「信仰」而非「宗教」，言下之意即是「信仰」不僅不同於「宗教」，而且還優越或高於「宗教」。「宗教」一詞，在教會的圈子裏總是略帶有貶意的，在神學家的圈子裏「宗教」甚至是帶有迷信、扭曲、背離、怪謬等意義，經常，神學圈子的自我批判，尤其是以「正統」為論述的，更是避諱於將基督教與其他宗教等量齊觀，「宗教」成了一個極為負面的語詞。

事實上就積極的意義而言，上述的態度在本質上是突出了基督教的批判意識，問題倒不在於基督教對其他宗教的批判，而是基督教究竟如何把握到在這種區分意識之下的自我批判。往往，正是對「信仰」的維護上，基督教的批判即指向他人也指向自己，這是一個對「信仰」更為貼近本意的做法或態度，但是諸位也知道，建制化的基督教往往在自我批判的力度上，總是少了一種更為堅定和義無反顧的態度，我們必須承認，他們在維護「信仰」的做法上，總是存在著這樣一種思想性的先天障礙，也就是對他人嚴厲，對自己寬鬆。

「信仰」，就其本質而言，離不開一個根本的要素，那就是「冒險」，即「開到水深之處」。「信仰」是一種允諾，它指向將來，一種不斷的離開自己原來狀態的行動，所以「信仰」不可能給我們甚麼具體的保障，它要求我們冒險前進，一刻都不能停留於原地踏步，所以是一次又一次的「出埃及」，一次又一次的祈禱「我願祢來」；然而，我們也極容易於擁抱安全，但是，所謂的「安全」正是「信仰」的死敵，因此基督徒只有一次又一次的走出自己、走向上帝與他人，儘管打從心理上，我們之所以「信仰」往往即是渴望獲得「安全」，就像我們總以為做了基督徒就解決了所有的問題一樣。事實上，它應該是我們面對問題的開始，所以，一切對於「安全」的理解，總是身處於「冒險」的狀態中。

任何一個時代，總是有些基督徒不安於室，無法滿足於現狀，他們不是天生反骨或刻意搗亂，他們更不是「屬靈派」口中靈性不好的人，相反的，他們的內心有一種激情，來自於對「信仰」的在乎，他們總是「冒險」，在思想中把自己推向「水深之處」，正如丹麥的祁克果（Søren Kierkegaard）那樣，他總是與建制派的基督徒格格不入，這一切都是他思想的結果。

也許，上帝就是選召了各式各樣的人做他的兒女，這是祂的大愛，所以（同是）基督徒內部總是存在這樣不同想法的人，儘管不一定取得「共鳴」，但是在「鳴動」中彼此學習（良性的批評），更是彼此相愛（信仰的記號）。可見，上帝總是考驗著我們，因為認真思考那些「冒險」的信仰態度，正是一種同樣在「信仰」的狀態中保持著應有的「冒險」。古斌近期的短文，不斷地體現為這樣一種風格，他屬於那種極為稀少的信仰冒險家，在一片「安全」的論述中，給我們看到了「風浪」，因為基督徒的信仰總是置身於冒險的途中，誰要是以為自己「安全」了，他不是在船上，而是在岸上。

古斌邀請我為他寫序，有機會先睹為快其大作，上述的文字也是自己的體會，願與作者共勉，是為序。

曾慶豹

2012 年 5 月 16 日

寫於長洲

自序

本書用了一個很東洋風的名字。「鳴動」(也就是「めいどう」的漢字),是「響動」的意思,那麼翻成英文,我就選上了BOOOM!!,一個常常在美國漫畫裏看到的字,解作「轟隆」聲。無論中文或英文,我都想表達著一份熱血,一份求變的熱情。

雖說我七十後那一代和八十後、九十後,都是由動漫文化伴著成長,但我們那一代,動漫裏是流著熱血的。不妨翻聽《機動戰士》第一代的主題曲吧(「翔べ!ガンダム」,香港版王愛明唱,可YouTube 裏找),那種氣慨,今天商界的所謂 team spirit 都不可比擬吧,那是滲透在日本當時文化的一份熱情。是要到了《新世紀福音戰士》,「頹」才成為潮流吧。「頹」是甚麼?別以為它是一種貧乏,不是的,「頹」是一種奢侈啊!只有在極富裕的社會裏,人才會有時間去「頹」。當世界的經濟再度下滑,「頹」自然就沒有市場。

這是一本講信仰的小作品,而且,是「相信自己應該值得有更好生活」的一種信念在推動著,這種信念滲透在字裏行間。這是屬於城市人的信仰，說準些，是看周星馳黃子華，聽鄭秀文和Bossa Nova，並會看電影和鬼片的一代的信仰。若說「著作好大膽」，筆者相信，不是的，只是坦白而已，不明何以我們在這自由城市裏生活，膽子要那麼小，比極權國家裏生活的人還小。若說「內容好批判」，我想只對了一半，因為筆者也很溫和的，至少筆者想要呼籲的，不過是過一個誠實而對世界有貢獻的人生而已。要生命有點貢獻，鼓勵別人這樣行，怎麼在我們這個城市已變為「偏激」?原來做一條「鹹魚」(《少林足球》語)，是中庸美德。

本書有三部分，第一部叫作「福音，開動！」這「開動」一詞又是借自日語，即「いただきます」的漢字。說到底，不過是一個食飯的邀請。請大家不要只對著面前的飯菜(據說很豐盛很大能)默哀吧，開動吧。

第二部叫作「幻想的終結」，這又是為甚麼呢？那是因為我們太愛活在幻象裏面了。有一次跟友人談起「塑化教會」(嗯，「sofa 教會」吧？這友人就是「平等分享運動」搞事分子 Benson 啊)，談起「塑化信徒」，他們總是好有理由化解你對他關懷社會的呼籲。我說，不必花太多情緒去介懷他們的借口(往往聽來還「很膠很膠」的)，他們準是不會為這個理由去死的！這些只是堆砌的理由，你真的拆解了，對家不過是喪家犬一樣悄悄離場，他是不會悔改的。因為由一開始，那些似是而非的理由(例如「請尊重別人選擇」，或甚至贈你聖經金句)，根本提出的人並不真心相信的，他不會為這個想法去捨命的；因此，你糾正了，他也不會為新發現而像保羅一樣，頓悟前非。我要在這一部分一一拆解我們生活裏令我們心安理得的幻象。

最後第三部分，叫作「世界異想」。我曾想，叫「異動」好，還是叫「異象」好呢？「異象」，有沒有覺得很私人？今天「異象」都是很私人的，是私下的事，是機構的事，也是你幾百人幾千人的一所教會的所謂「偉大發展」，但全世界都不感興趣呢！「異動」就太前了，還是先去「想」吧，「想」不是憑空，是世界的想法，世界已經是這樣「想」了，是你去察覺它，不是你閉門造車自己在玄想。

本書第一、二部的文章，原載於香港的基督教週報《時代論壇》，2010 年的「信仰臨界II」專欄，而第三部分（除了第 20 及 21 章），則來自同報 2007 年的「時代視域」專欄。不過，第一、二部的文章已作出很大幅度的修改，推論和結論有時也跟原先專欄裏的不同了。就當是獨立全新的作品看好了。

最後，也謝謝基道出版社支持本土創作，這是老編告訴我答應出版此書的原因。也多謝代序的三位友人，有還很熱血的資深教牧羅牧師、常常陪我玩搞論壇的紹光兄，和在閱讀歐陸神學哲學上認識的豹哥曾慶豹博士。當然還感謝為本書設計封面、插頁和排版的 Colan Ho，這位老朋友，你的設計總是那麼精采，比坊間的水平「高幾班」，每收到一份設計稿時，都叫我拍案叫絕。

好的，就讓我們開動吧，白色的機械人（想像在駕駛鋼彈/高達）！

古斌

2012 年 5 月

目錄

引言：也許，只是福音

《鳴動的信仰》要說甚麼？

有沒有留意，教會有一件令許多信徒都要尷尬的事，它叫做「福音」？對的，「福音本是神的大能」（羅 1:16），但為甚麼大能的福音，卻沒有大能的福音聚會？果真大能，為何只是用來「領人赴會」呢？而我們要搞大能聚會，就是談復興、培靈、醫治、敬拜讚美也好，就是避談福音？「福音」已是那「好男人」：「嗯，他不錯，只是我找激情不會找他啊……」

我記得，在一次某保守教會的主日學裏，我應邀分享信仰的「使命實踐」。出席的朋友都是很有心的，愛動腦袋，他們大概都是教會裏比較願意發問的信徒。所以討論很愉快，發言此起彼落。但當我提到，使命實踐跟宣講脫節，最終還是「甚麼是福音」的問題，這時候，有人都苦笑了，覺得事情太大，不能談下去了。情形就像「鐵達尼號」碰上冰山一樣，一碰就沉了。大家都知道冰山要去克服，但都感到是不可能的任務。

這一次，跟本書的前篇《信仰臨界》不同。這些文章的起點，是想發生確切的改變。或者說，這是第二階段。第一階段，是生產信仰的「新想像」，一項想像工程。生產隱喻，生產扣連（articulation）。讓我們找到字詞，去形容當前的狀況，也去想像不同狀況的可能性。這是《信仰臨界》，它要做的是重現「鑽石的光芒」。

福音壞了

這是第二階段，路線圖。成功不成功？我不知道，這留待大家去判斷。我要做的，是立題，而不僅是破題（雖然前作已經隱藏著立題）。這也反映筆者的閱讀路線：不再是「後現代式」的游走、耍樂（雖然每篇的起點還是挺輕鬆的），而是法國當紅哲人巴丟（Alain Badiou）所講的「軍事性」進發，是有一個要擁抱的未來。

筆者深知道，福音面對著很多挑戰，它至少從三方面來：一是**消費福音主義**（Consumer Evangelicalism）的繼續蔓延。教會要傳福音，目前只能把自己變得更像一件商品，它愈來愈受制於某種神學反思成分很少的市場和媒體思維。這情況也因為我們缺乏敢於唱反調的教會領袖而陷於困局。去年因著關注不道德佈道而發動的反對以「方舟考古」為名做佈道的教牧聯署（註 1），不過反映教內「第二梯隊」的不滿，而教內名牧卻一直只寬容這類佈道消費，不是沉默就是充當宣傳代言人；這令人惋惜的是：我們見證著教內前輩是怎樣作為這個「消費福音主義」的構成部分。

這一點，引到第二方面的挑戰，就是面對這種「消費福音」的反動，完全取消福音、放棄佈道的立場。在這個立場下，我們不過重蹈自由主義的困境，它面向世界，卻失去教會。這樣的力量即使組織起來，例如反「宗教右派」的論述陣營，它們可以在九龍佑寧堂找到一個凝聚點，成立眾樂教會。他們當中有筆者的友好，也有跟筆者吵過架的。——無論如何，這條路線放棄對福音的想像生產，取代詞主要是「公義」。這條路線可挽留不滿教會的信徒們，但不打算爭取保守福音派主流者的認同。

同時間，筆者又目睹在保守派生產了另一個詞（也就是第三個挑戰），就是「讓教會成為教會」，或可稱為港式「尤達—侯活士路線」（Yoder-Hauerwasian），即把信仰主體從個體移向羣體。（註 2）或者，它也呼應著「保羅新觀」（New Perspective）的羅馬書釋經，把上帝國的生產連於那名字叫「教會」的羣體。這條路線，同樣對福音再生產不感興趣，因為福音有一個先天的個體向度；若他們要談「福音」，主要是談神子民的故事，而不是過去三百年來福音主義的情感維度。

只是，筆者還是獨愛福音，獨愛那由個體覺醒為起點的福音。筆者相信：我們需要一個「他」去作「我」使命，同時需要一個「我」去為「他」捨命。這十年流行的「他者」語言，實源於猶太哲人列維納斯（Emmanuel Levinas, 1906~1995）的「他者哲學」。他一開始就要跟海德格（Martin Heidegger）分道揚鑣，不要「此在」（*Dasein*），而選擇「他者」。只是我們當注意，後來「後現代」的遊玩路線，已經大大偏離了這種他者哲學的旨趣。他者，是要叫喚「我」，作為「我」的無限承擔，列維納斯經典的話是，在他者的面孔上，是一句命令：「汝勿殺人！」（見其《總體與無限》）

誰承擔他者？

當我們說要承擔「他人」，尊重「差異」時，我們要問的是：那個承擔他者的「我」跑了去哪裏？消費主義邏輯入侵「他者」，轉化成為「另類」，另類生活，另類風格；就這樣，大家都在做「他者」，沒有了傾聽他者的「我」，「他者」塌陷成為「消費選擇」。

簡略之，我相信「傾聽他者」是聖經裏很普遍的主題。亞伯拉罕傾聽上帝，摩西傾聽上帝。但這沒新奇。我想的是，這個「他者」要召喚的「我」，並非一直存在，這個「我」是在被召喚的時候**一同生產**（produce）的。這麼一條命，這麼一生活過，是不用生產「我」的。「我」（即主體性〔subjectivity〕，一個當代政治學的關鍵詞）

是呼召要生產的，並只有這個「我」被生產出來，才能承受召命。我相信，福音，就是一個「主體生產」的過程，也正是這個「我」的誕生，才說出自由，說出無限的喜悅，甚至，巨大的勇氣，連死都不怕。

筆者在本書的問題意識起點，就是如此一個「消費教會」，如此一個「技術教會」。這個教會形態在《信仰臨界》裏已呈現夠多了。我要問的是：「這個教會可以怎樣回到它的拯救？」「悔改、信福音！」已經沒效了，因為「悔改、信福音！」**不正是**這教會在佈道會裏用來跟別人說的「佈道信息」嗎？本書要尋找的，是福音信仰的種種操作邏輯，由罪、唯信、門徒、信心、聖靈到愛、經濟、傳播、文化戰、語言、權能、使命，一一考察。有時為了更精確的表達一個想法，用上一些方程式（或稱作數元〔matheme〕，見註 3），例如「A 不夠，但要 A」、「A 中有 x」（第 6 章）、X≡X'（第 8 章）、A≡x（第 10 章）。

我期望的，之所以那麼努力要把論述條理化，是想作為「福音生產」的新路線。正如那個被批為私人化的福音一樣，它不是由單一的面向來發展的，它從來不是幾條方程式，是由大量不同的經驗、釋經、傳統與講論交織而成，同樣，今日也需要福音生產，但我們需要不同的原則，弄清楚這些條線，才能有一個一個「我」來承擔世界，生產真正的福音大能。

說了那麼多，所關心的，也不過只是福音。

註 1：聯署針對的是基督教媒體機構「影音使團」，以「發現方舟」為噱頭的佈道活動，於 2011 年 11 月 29 日發出，邀請聯署人有 66 位，包括來自美/加/澳/台/新加坡及香港的教牧和神學院教授等，總聯署人數為 1073 人。聯署呼籲：「敦請大家採取審慎的態度，不必急於對木結構作出最終判斷，在影音使團公開所有證據、公開方舟遺址地點讓考古學界進行鑑別、以及尊重理性對話之前，鄭重考慮應否繼續支持該使團方舟相關的活動和籌款，和應否協助在堂會內發放其刊物和宣傳相關消息」，有關內文可見「慎思明辨」網站，網址：http://arkwhy.org/。

註 2：請見鄧紹光、劉振鵬及禤智偉。〈基督徒應否參與小圈子選舉？——神學反省與教會實踐〉(上)、(下)，分兩期刊於《時代論壇》第 1255 期及第 1256 期。筆者就其對教會公共性的理解(理解為「活出另類社羣」)，曾撰文回應，題為：〈教會的政治性，在抵抗和另類以外——回應〈基督徒應否參與小圈子選舉？——神學反省與教會實踐〉〉，見《時代論壇》第 1257 期。

註 3：數元 (matheme) 的運用，源於法國精神分析學家拉康 (Jacques Lacan, 1901~1981)，由斯洛文尼亞的精神分析學盧布爾雅那學派所發揚(包括哲學紅人齊澤克〔Slavoj Žižek〕)，廣泛應用到非心理治療的文化領域。

福音，開動！

01 成為罪人

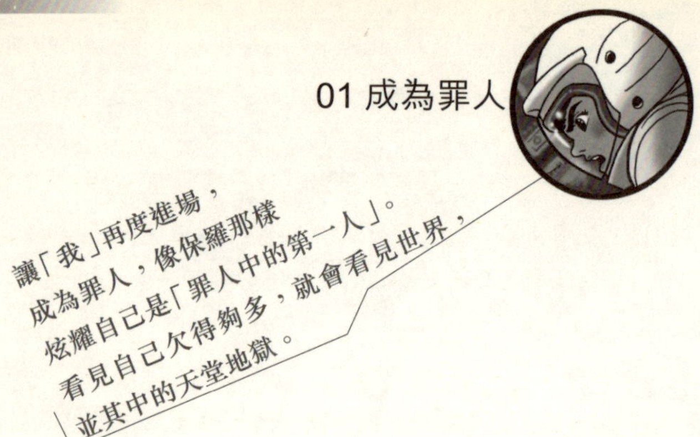

你睇我唔到！你睇我唔到！

電影《賭俠》(1990)裏有這個經典的一幕：周星馳跑到「賭俠」劉德華的別墅，想拜他為師，被趕走以後，晚上和吳孟達又再回來。劉感應到窗外有人，把百頁簾拉開，觀眾見到周就在玻璃後面。周馬上發功，舉起十指，喃喃自語：「你睇我唔到！你睇我唔到！……你硬係就睇我唔到！」(你看不到我！你看不到我！……你就是看不到我！)——結果？結果劉德華真的看不到他。後來，吳孟達在天台，同樣被向華強發現，他也馬上發功：「你睇我唔到！……」看著對方一臉木訥，吳以為湊效，得意忘形，胡亂的唸。忽然，向華強給了他一大個巴掌。

這裏有兩個笑點。一個是周星馳，他近乎自我催眠的「你睇我唔到！」，看來滑稽，但竟然湊效。第二個笑位是吳孟達，他以為別人真的「睇我唔到」，得意忘形，換來一巴掌。

有時候，我們以為別人「睇我唔到」，就是因為別人沒反應，跟真的「睇我唔到」沒有兩樣。這時候，我們得意忘形。終於別人有反應了，而且，是一巴掌。有時候，別人就在我們面前舞來舞去，但我們就是看不到。第一種情況，我們看到自己，但以為別人看不到。第二種情況，我們看不到別人，所以把別人忽略。以下兩個情況更糟糕：

一、我們看不到自己，但別人卻看到。
二、別人在面前舞動，我們也看到，不過無動於衷。

不妨這樣想：這兩個情況會不會是同一回事？就正是我們看不到自己，所以我們對別人無動於衷。——就這樣，形成了那個被無數人批評過的現象：**中產家庭的無動於衷**。一個人數龐大，擁有社會極多資源（包括金錢、網絡、知識等）的階層，卻對整個社會無動於衷。

大概七十年代，流行文化談的是「尋找自我」，相對於「我」的是沒有「我」的大伙兒，一個集體化的社會。到了八十年代，談靈性，談承擔，就流行布伯（Martin Buber, 1878~1965）的關係哲學，

「我—你」關係，相對於以自利為本的技術文化。然後是二千年，「他」上場了，或是講究尊重「差異」的「他者」哲學，又或是抗議別人把自己「他異化」(異國情調化/惡魔化)的後殖民批判。這個進程，粗略是由「我」，到「你」，再到「他」。那麼下一步是甚麼？筆者建議，下一步要重新談論「我」。這不是開倒車，回到未有你與他的「我」，而是一個可以反應你與他的「我」，那個看見天堂和地獄，並因此看見自己的「我」。

今天，一切問題的起點，就是這一個狀況：「我睇我唔到」。

罪與罰

提琴莊嚴奏樂，就像升起帷幕的神聖舞台，這是鄭秀文(Sammi)的歌《罪與罰》(2009)。Sammi 的聲音進場，那是旁觀者的聲音，那是佈道者。佈道者談論「你」，談論「祂」，但沒有談自己，沒談「我」。是不是沒談「我」我就不在場？不，那在談論你與祂的，就是我，就是那不確認自己是誰的我。

Sammi 六句歌詞後，「廿四味」進場，另一個「我」進場。這個「我」在吶喊，這個「我」是佈道者勸信的「我」，他不是別人，就是佈道者為了作為佈道者，所排除出去的「我」。佈道者是向自己佈道。「我」沒得救，「我」走到盡頭，層層進迫，繼續沉溺，並呼出「我」的消失（可能是最後的筆迹）。接著，再次佈道，寬恕道理過後，吶喊的「我」進場，作為主角進場——

光與影呢秒鐘無法形成對等／黑與白嘅關係再次引起紛爭／灰色地帶衍生一連串質問／你會失去所有似戰爭

就這一刻，在詞語最激烈的衝撞中，上帝聖殿降臨，「我」被拋往殿堂上祂那張開的雙手。就這樣，角度逆轉：「廿四味」變了聲，「我」變成「你」，佈道會呼召，一個呼召者進場，不再是那個做主角的「我」。——但「我」有悔改嗎？「我」在喃喃自語：「我唔想再咁落去……」（我不想這樣子下去），在主題音樂的重複裏歸於沉默。幕下。

——為甚麼「廿四味」由吶喊者變成了呼召決志者呢？他是在偽裝吶喊嗎？還是，他不過偽裝呼召決志呢？他是真心的吶喊，但他的呼召是偽裝的。正因為他呼召了，Sammi 就不能呼召了。這樣，他就可以繼續不用悔改，繼續他的沉溺。有沒有留意，整首歌最令人血脈沸騰的地方，並不是 Sammi 的佈道？更不是「我」悔改了，「我」得到寬恕。而是**那個罪人**，那困境，張力，壓迫，才最打動心靈，令人屏息。

這個「我」也許是注定沒有拯救的，因為，黃偉文給他的不過是放棄自責，不好再庸人自擾，困在自責之中。就這樣，一個沒有罪（所以）也沒有罰的「罪與罰」，注定沒有拯救。既然只有自我懲罰，又怎會有救贖？因此，只餘下永遠沉淪，在喃呢中輪迴。

不要緊，顛倒的神學並不會把這首歌的魅力顛倒。這首歌的魅力是甚麼？不是得救，也不是謝幕降臨的全能神，而是——我就在罪中。

我就在罪中，這是最早的「罪人」。這不是「被罪者」的那個罪人。「被罪者」（sinned-against）是資深社關人馮煒文創造的詞，講的是我們都在「受罪」，同陷世界罪惡結構之中。但「我就在罪中」，講的是成為罪人，並且承受著罪咎（guilt）。那不是被罪者，也不是被定罪者，而是背罪者。

筆者要提出：成為罪人，就是「我睇我唔到」的破解。就在我作為罪人的時候，我看見自己。這一個在罪中冒現的「我」，就是福音生產的主體性（subjectivity），這是唯信主義（*sola fide*）獨有的操作。「罪」與「我」一同冒現，沒有一個未有罪的「我」，發現「我」的時候，「我」就是罪人。「罪人」，不是「人」加上「罪」，不是被定罪的自主人，而是在罪中發現自己的人。基督教醒悟「人之為人」之途，就在掌握自己作為「罪人」的時候。

罪，不僅是人的可錯性（fallibility），而是在犯錯裏發現的「我」。

發現「我」的一刻，就是發現「我已犯錯」。呼召的一刻，就已經是呼召悔改。可錯可改的我，不會形成主體，惟有「已錯」和「要悔改」，才能生產這個「我」。

罪與罰II

1866年俄國文學家杜思妥也夫斯基（Fyodor Dostoyevsky, 1821~1881）寫了一部小說，名字是《罪與罰》。小說裏的男主角，殺了他認為該死的老女人和她的妹妹，承受著自身的罪的痛苦，直到遇上一名充滿基督徒美德的妓女（她因父被逼賣淫），向她承認他的罪，自首，判到西伯利亞服刑，妓女卻跟隨著他，成為他的救贖與重生。

杜思妥也夫斯基的處理，是很典型的基督教信念：罪，是指出界、犯錯，不是指犯法；而罰，是指良心的指控，也就是罪咎（guilt）的痛苦。我們誤以為，基督教要把人人「定為」罪人，當人在被定罪的惶恐中，再誘以永生之路。但真正的罪咎剛好不是定罪，而是明明有錯卻逍遙法外。罪咎，不是心理病，它是一張良心的欠單，卻是它使我們問責，對他人產生負擔。

韓國導演朴贊郁的「復仇三部曲」，包括了《復仇》（2002）、《原罪犯》（2003）和《親切的金子》（2005），講的是報仇，也是罪咎。三齣電影裏，報仇者最終成為負罪者。報仇者的悲哀不是受報應，而是負罪：在他／她報仇的時候，他／她就成為有罪，背負罪咎，無法解脱。金子最後看到的白雪，就是她渴求卻永遠得不到的救贖。請留意電影的英譯，首部及第三部，分別叫作「同情復仇先生」和「同情復仇女士」。報仇者變成背罪者，是我們可以同情的，「背罪」是我們發生同情的共通點。

罪不一定就是罪咎，至少天主教反對這個説法。《天主教百科全書》（*The Catholic Encyclopedia*, 1914）裏，「原罪」（Original Sin）一條目裏説到：「原罪和邪情不能是同一回事，像早期新教徒所抱持那樣」。罪是罪咎，是唯信主義的改教者的獨特神學。若説是改教運動奠定現代人的個體性（individuality），請不要忘記，它的原點是背罪者。

十六世紀的改教者怎樣看罪？他們主張：罪就是邪情惡慾（concupiscence），這個水禮也洗不去，這惡慾徹底摧毀了自由。水禮只能讓罪不再「歸算」，而不是剔除罪咎。邪情和罪咎的無法根除，改教者要用「徹底敗壞」這種講法來維護。就在這裏，我發現「我」，一個總是虧欠著的「我」。正是無盡的罪咎，宣告了「我」負擔他人的可能。

「罪」一詞的希臘文 *harmatia*，一直是悲劇性的，亞里士多德用它來指「悲劇的錯誤」(tragic mistake)。在悲劇裏,錯誤是無知卻又致命的,才會說出「造物弄人」。但基督教卻把「罪」看成人的背罪,從此人就在「作為罪人」這一點上,躍升成為世界的主角。人不再是「被命運擺佈」,而是世界墮落的禍端。正因為墮落,才打開拯救,歷史由悲劇逆轉為喜劇。

我——被呼召

「罪人」是如何被發現?既然罪不是指定罪,罪人就不是在對地獄繪影繪聲中發現的。如果罪咎是由於逍遙法外而產生,那麼,罪人不就是在他被「放生」(釋放)時發現自己嗎?耶穌的十字架,不是在炫耀你欠了祂幾多(一種頗流行的佈道手法),而是一個「呼召」。這不是呼召逃避審判(這審判一開始就被逃掉了),或「廿四味」偽裝的宗教促銷呼召。這呼召,就是**呼召背負世界的十字架,呼召對罪惡世界的承擔**,因為耶穌已經如此為「我」承擔了,並把「我」釋放了。

在蒼茫的宇宙,寒風凜冽的時間沙漠中,被釘的耶穌呼叫我的名字。在歷史洪流裏,我們都準備遺忘自己——但這一刻,時間被贖,那是「我」被發現的時間。「我」被發現時不是孤立的,它是在受格中的「我」(me),是「祂是愛我,為我捨己」(加 2:20)的「我」。

歷史上的信仰復興，講的就是我發現「我」。真實的復興，不是集體亢奮，而是個人的受名，「我，陳大文」被上帝唸出來。集體「自high」(自我亢奮)，不是復興，它沒有承擔世界(背起十字架)的勇氣。

讓「我」再度進場，成為罪人，像保羅那樣炫耀自己是「罪人中的第一人」。看見自己欠得夠多，就會看見世界，並其中的天堂地獄。

02 因信稱義，新釋

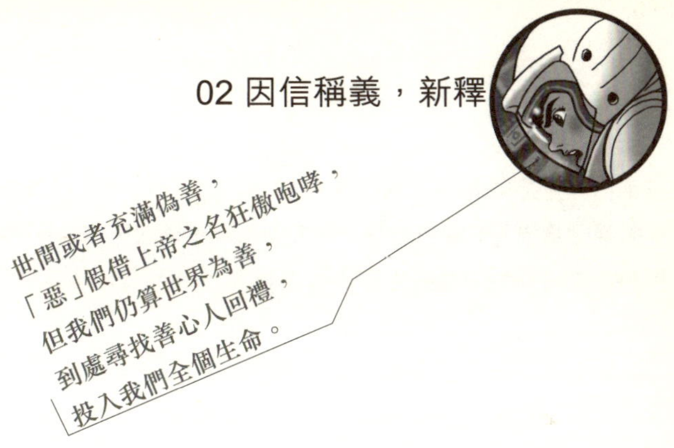

可愛全球化，和鄰舍的驚慄

2010 年 12 月，泰國美少女林妮薇（Newwy Patitta）的 MV《問一下》（2010）在網上走紅，吸引了不懂泰文的台灣宅男。迷倒，是因她的清純，和多次來襲的挑眉「秒殺」。這首 Bossa Nova 輕音樂，一天內點擊上升了十萬點；其歌迷 facebook 專頁，便連忙追加 Newwy 跟台灣網民打招呼的片段，照顧這潛在的龐大市場。

Newwy 的 MV 為何吸引？那些小動作，眼神、嘴巴、手勢，不就像風靡港台的韓國女子組合嗎？不論是「少女時代」或是 Wonder Girls，那種叫做「少女」的小動作，不是似曾相識嗎？這個「可愛」

編年史，可追溯到許冠傑唱頌的《日本娃娃》(1987)。Newwy 不是被網民稱為「泰國豆花妹」嗎？豆花妹蔡黃汝，就是同年年初走紅的台灣清純系少女，她原是賣豆花的。

泰版清純，**不正是**因為這少女不像「泰妹」嗎？走紅，是因她很像台灣正妹。網民也善意勸說：「化妝別那麼濃，我們喜歡你淡妝。」

全球化的年代，我們的地標都叫 IFC。先是香港 IFC，然後是上海(2010 年 4 月開幕)，還有成都、瀋陽，都在建 IFC。除此，我們的商場都一樣，不論新加坡烏節路、曼谷或北京，都是相像的。而我們耳熟能詳的，是說香港每個商場賣的都是一樣，不論最「老餅」(老舊)的新城市廣場，或是最新的 The One。微觀一點，「格仔舖」的出現，是繼商場「同質化」(homogenization，即差異被磨平)後，店舖的同質化。每個「格仔舖」，就是說在商舖裏租下透明箱子寄賣的貨品，相差無幾，是商場沉悶體驗的微型版。好了，如今不只地標全球化、商場全球化，還有可愛全球化。原來，所有亞洲少女散發的，都是同一款可愛。

只是，這個同質化過程總是不能圓滿。在 Newwy 的例子裏，網民心生疑惑：「會不會，那麼漂亮因她是人妖？」在治愈系美女的溫柔裏，是害怕「被 fake」(被騙)，並害怕「原來是人妖」的驚慄。

我們嫌棄的人妖，不正是泰國的「地道特色」嗎？同樣，在韓

圖為中泰混血兒 Newwy Patitta。泰國女生吸引，正因為不像泰國女生。（網絡圖片）

劇裏，可愛美女的驚慄是甚麼？是她會一巴掌摑在一個男人頭上。這一巴，教香港男士目瞪口呆。漸漸地，全球化是「美」的同質化，只有一種漂亮。事物的本質，那被磨平的異質性（heterogeneity），便只能以驚慄或恐怖的方式回歸。

會不會，在恐怖主義的名字底下，被列作「非友善國家」的，那裏才是事物的真實、世界的真相？繼地標、商場和可愛之後，還有第四種同質化，就是恐怖。不同的政治訴求，不論是阿蓋達、疆獨、車臣或喀什米爾衝突，都冠以同一個「恐怖主義」的名字，在「反恐」之名下被滅聲。

美國政府對「恐怖主義」的定義是：「亞國家集團或祕密機構對非

戰鬥人員實施的有預謀的、有政治動機的暴力行為」(《全球恐怖主義完全參考指南》，頁4)。如此，恐怖主義不正是缺乏國家身分交涉的強大武裝意志嗎？這種缺乏國際合法性但又超強的力量是怎樣形成的？「恐怖主義」不就像癌細胞嗎？當政府說要與癌打仗，它要打的不正是現代人類自己搞出來的禍嗎？暴走的異變，不正是同質性瘋狂發展所致？

真實的基督信仰，就在「愛鄰舍」這句話裏面。鄰舍，不是最友善的伙伴，而是最近距的威脅。鄰舍，我們總是嫌他「太近」了，所以才要讚揚守望相助。移除社區，是很合符安全原則的城市規劃；因為這樣，我們最近距的威脅才徹底拆除。然後，我們用興趣小組取代社區，例如飲食團、龍友(攝影)活動，或者 yahoo 拍賣交收時在旺角鐵路站閒聊。愛上泰國美少女，只因她不像那具威脅性的鄰舍。

這也是教會今日的發展：同質性在增加，異質性被壓抑，「異象」變成商品，教會執事只做買手，挑選在會眾間熱賣的(由如何搞定「青少年問題」，到如何消滅「港童」)。差不多的事工，吸引堂會搶購，效果就如可口可樂和百事可樂，不同的品牌，賣的是類似的貨品。真正做到異質的，總是要回到鄰舍，而教會選擇輕「愛鄰舍」而重「愛會友」，形成的便是宗教消費的條件：單一同質的市場。

沒有送禮者的善

試過為一件事情「好感恩」嗎？嘗試想一想這些是甚麼事情。例如，在商場逛得累了，卻找到一張椅子。跟「走運」不同，「感恩」的重點是：有「善」存在。例如：「這個建築師想到在這裏弄張椅子，真細心！」又或者，我們看過電影，感動得哭了，便說：「這導演真好，堅持人文情操！」

——這些想法，果真是事物的本相？

例如，在商場擺放一張椅子的，大概不是建築師。還有一種想法，叫做「無名英雄」，例如，在山徑設置不同的警告牌子，讓人感受著善和無私。只是，這裏連「無名英雄」也不存在。放一張椅子，可能是設施部的主意；而且，可能那是要保證資源不被其他部門拿掉。

電影，比電視好一點，我們還能找到一個「作者簽字」（auteur signature），例如王家衛作品、宮崎駿出品。只是，以電影《鐵達尼號》（Titanic, 1997）為例，它令無數人落淚，是不是導演占士金馬倫的善？（它 2012 年的再版又是為了「服事」新一代？）文化評論慣於把一件事的「歸因」（起因、源頭）擱置一旁，只談不同事物間的相互作用；但人的本能，卻需要把經驗到的「善」回報，因而想法子找出「善」的源頭。

這就是為甚麼作為小説作家，總不能給狂熱的讀者説出有關創作的真相。虛構小説的主角，令人著迷，那是作家始料不及的。如果讀者問作家：「主角會死嗎？你總不能讓他死去啊！」想像作家説：「沒甚麼大不了吧？他在我腦海裏死過好多次了！……」

在經驗到「善」的人，和施善者之間，並不存在相通，經驗並不重疊。你感謝的，永遠不是他掛心的。這不是説，施善的人沒作那回事，而是説，對方感到受惠的，往往不是你認為自己在施予的。窮學生跑過來，謝謝你給他讀書的機會，你想的卻是，好不容易才爭取到慈惠撥款，在「扶貧」的工作擴張上勝了一仗。

教會講壇是這個操作的常例。講員想的，是一篇嚴密結構的講章，只是，得益的聽眾，他跑上來感謝你，從不是説：「你的結構很精采！」而是説，你講的某個故事，令他想起爺爺，所以哭了。（拜託，我沒想過你爺爺啊。）只是，講員還是禮貌地收下這個多謝，就像那個「善」真的是由他的「善心」給出那樣。

當我們經驗到「善」，便想回報，只是，卻找不到送禮者。那麼，「善」是一場美麗的誤會嗎？還是，「善」的基礎總是一個信仰——善，是我信。如此，基督信仰有一個重要的向度：若我們相信上帝是善的，那麼，善的最終保證便成立了，我們也不必介懷沒有送禮者。這是不是說，我們從此不必感謝別人，只感謝上帝好了？不然。正因為善是一種信仰，我們更要把善「歸算」給別人；即使他不曾這樣想過，我們也可以說：「不因你，只因上天給你積善！」

被算為義，被算為善

跟可愛一樣，善，可被消費。因此，我們才有「感動」消費。一百個感動 XX 的故事，對於當事人是完全不同的際遇，但在尋找感動的觀眾裏，都化成熱淚賺取。我們因為人間有愛而流淚，並在此感謝上帝。這樣，「福音見證」便奇妙地與感動消費化為一體。

律法師問耶穌，誰是我的鄰舍？我們都知道，律法師是問：「我該愛誰？」但耶穌卻回答：「誰是愛你？」換句話說，對耶穌來說，行善，不過是答謝「善」。

福音，不是要令人感動，而是要令人悔改。甚麼是「悔改」？悔改的特點是，當我主動採取甚麼行動的時候，我把我整個行動的理由歸給自己以外，例如說：不是我有甚麼了不起，我不過是「被感召」要做點事。把整個人生放在一個「被」字之下，而同時，正因為這個虛構的「外在」（改變我一生的那一個外在的點），我可採取最激進的改變。我有著完全的自由，因為，我是「被」改變的。福音的核心「因信稱義」，容我們重新支取它兩點要義：一，唯信；二，被算為義。首先，「唯信」是虛構一個外在，一個不屬「我」的點，正是那一點，令我「虧欠」。正是「信」被視為「不是我的行為」（雖然從實證觀察，由流淚到唸決志禱文，全是我在行動），這個「例外點」，保證了一切的行為，都不過是回禮，是報恩（那個我「白白」得到的恩）。

至於「被算為義」，也就是永遠把這個恩典異化，看為「不是我」。天主教沒有這個發展，沒有歸算之恩（imputed grace）。傳統而言，恩典總是融合的（infused grace），我們的本性被注入了恩典，並與恩典不能分割了。如此，改教者是把這個融合懸置了，他們把恩典和本性分開，把這個「沒融合、卻屬於」的狀態叫作「歸算」。這只能存在於概念上的不融合狀況，被改教者凝固了，或說，他們故意生產一個異於「我」的位置，故意把恩典異化。

這個異化，無非是要達成下一步：把我的善行，變成永還不清的「債」，一生回報。正如東歐哲學家齊澤克（Slavoj Žižek, 1949~）所說：「對！上帝免了我們的罪債，但這不代表我們自由了；反而，這是把債務變為無盡的，這一回我們永遠無法償還！」

「稱義」的歸算觀念，神學家麥格夫（Alister McGrath, 1953~）告訴我們，是源於經濟學上的討論：一個錢幣有某個價值（例如一塊錢），非因它內裏有這個價值（例如它熔掉的金屬可變賣一塊錢），而是它「被算為」一塊錢。這是說，「歸算」永遠與本質有差距。正是這個差距，造成一個「虧欠狀態」：我永不能安於自己無罪，因為我**事實**有罪。這個本質與歸算的不對稱，便產生善行作為償債。但由於改教者小心地拒絕了「行為稱義」，所還的沒半點抵消債務。亦由於善行不能被計量來償債，我們只能在回報的位置填上一個詞：生命。

因此，福音性的善行，總是以「生命」為鑰字的。這生命不是某種內在情緒狀態，而是指我們整個存活的生命。也只有這樣，當我們走近鄰舍，那不是又一件善舉，而是生命的回禮和回歸：「一粒麥子不落在地裏死了，仍舊是一粒，若是死了，就結出許多子粒來。」（約 12:24）

世間或者充滿偽善，「惡」假借上帝之名狂傲咆哮，但我們仍算世界為善，到處尋找善心人回禮，投入我們全個生命。

03 再說跟從

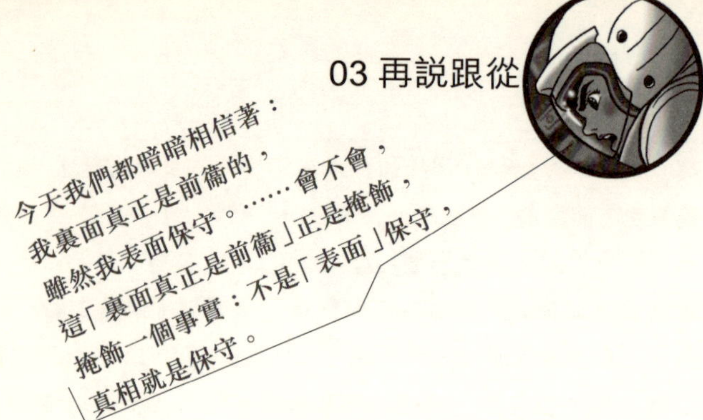

追隨／據說追隨

1944 年 7 月 20 日的密謀案（20 July Plot），是德國抵抗運動（German Resistance）反抗希特拉的高峯。跟過往的暗殺行動不同，那一次，打算要推翻整個納粹政權。只是，行動以失敗告終，牽連至少七千人被捕，接近五千人被處決，抵抗運動就此瓦解。

被密謀案牽連，德國神學家潘霍華（Dietrich Bonhoeffer, 1906~1945）在翌年 4 月 9 日黎明時分被處決，兩週後美軍就會解放此集中營。吊死他的是一條幼索帶，就像他那隸屬抵抗運動的姐夫一樣，他姐夫的處決是用鋼琴弦線上吊。一名集中營營醫說，潘霍華跪著禱告，然後勇敢、鎮定地步上刑台，那順服上帝的態度，他從未見過。

潘霍華在 1930 年，曾往紐約做研究，並在哈林街區阿比西尼亞浸信會聚會和教主日學。這教會由黑人建立，一直關懷社會公義議題。就在教會牧師老鮑維爾（Adam Clayton Powell, Sr., 1865~1953）那裏，他聽到「廉價恩典」（cheap grace）這個詞。1937 年，潘霍華寫成的《追隨基督》（*The Cost of Discipleship*）提出「廉價恩典」，這恩典講的是：「當然你有罪，但如今都赦免了，你可以繼續做自己，享受赦免的安慰。」

2004 年，美國神學家侯活士（Stanley Hauerwas, 1940~）用潘霍華來申論非暴力主義，引起不少爭論。事實上，侯活士一直在公共平台批評美國的「反恐戰爭」，旗幟鮮明。2007 年一個學術論壇，談的是「公共論述中的宗教言說」，侯活士說：「這國家裏好的宗教論述這麼少，是因為大部分美國基督徒不懂讀好聖經！而他們幹麼不懂讀好聖經，是因為他們首先是美國人，然後才是基督徒！」說罷，台下一陣掌聲。（註 1）

華人教會裏，許多人都認識潘霍華，他的「廉價恩典」在不同的講台被引用，可能是夏令會的培靈講壇，也可能是普世派的社關講章，而侯活士也是冒起的神學新星，講公共倫理不能忽視他。

有趣的是，這麼兩個那麼政治性的神學家，在香港承傳的，只能是無數的學術著述，卻看不見任何神學研究者會像潘霍華，或像侯活士，批評政府，批評不義。2006 年是潘霍華誕辰一百週年，我們都懷緬他，或者，我們也懷緬曾經被他震憾的「那些年」。我們有潘霍華的粉絲和代言人，但就是沒有潘霍華的跟隨者。「不錯！他罵的廉價恩典罵得好！」但沒有一個人，也莫説有一個團體會組織起來，要**學效他的生命**。

同樣，敘事倫理、德性倫理，侯活士成為倫理學新星。我們有人著書，但沒有人分享見證，會説受他影響，開始推動非暴力主義。

我們有學者（當然要多謝他們），但欠了門徒。

名字／無名

「字句是殺人的，靈才叫人得生」（林後 3:6；作者譯）

耶穌的門徒是誰？翻開福音書，我們就知道門徒跟他們的師傅一樣，大部分在社會低下階層生活。基督教的起點，首先是農村運動，是保羅把它帶到城市。即使這樣，就是頭三個世紀，我們都知道，教會中裏沒找到同時在世俗史料裏有名有姓的人。1730 年代美國大甦醒運動（一個改變美國道德頹風的基督教運動），聽眾是中下階層，權貴較喜愛傳統崇拜。華人教會老前輩胡恩德，生前曾指，上世紀六十年代香港教會曾有復興潮。但一位專研中國教會史的學者曾聲稱：那不過是移民潮。

——會不會，這兩個觀點沒根本衝突；復興，就是窮人的，而新移民窮人最多。

六十年代香港沒有中產。但今天呢？今天中產更仰慕權貴，喜愛大秀，祈禱/敬拜/佈道都是秀。為甚麼，他們沒有十八世紀美國中產的那種「甦醒」?

日本動畫《千與千尋》（2001），是一個少女重尋自我的故事。那個自我，用名字來象徵。像「港孩」一樣的小女孩千尋，被湯婆婆奪去了名字，變成「千」，按導演宮崎駿的説法，奪去名字，是完全支配對方的手段。故事裏的白龍，同樣失去名字，直到他記得自己的名字「琥珀川」，他找回自己。

筆者不是要講一個重尋名字的中產故事，而是建議反過來想：會不會，今天讓我們失去自我的，正正就是名字？我叫「陳大文」，從此，我以為我知道我是誰。我知道我忘記自己的名字，像千尋一樣還好，至少我有一樣要尋找的東西。但今天「我是誰」不是最清楚不過了嗎？我不就是「陳大文」嗎？我的名字不是已登記在生命——不，田土冊上麼？

私產權世界，同時也是抹除主體性（subjectivity）的世界，因為我的名字已代表我擁有我的一切了。技術社會，樂意投放資源搞數據庫，搞晶片技術，只因這一切都在鞏固技術邏輯，肯定著技術官僚的效率。一個文件的跨文本指涉性：「陳大文」擁有西半山物業，但誰是「陳大文」?「陳大文」身分證的持有人。富想像力的小說家會寫道，若有甚麼政治陰謀把你禁錮了，「陳大文」仍然在交易、在支薪。

陰謀論者，其實在渴求著一個陰謀，如果真有這個被隱瞞的甚麼，（洞悉先機的）我就成了主角，這是陰謀論者的主體建構。因此，陰謀論者都在期待著「我」的冒現。陰謀的啟動，反而是主體的拯救。只是，今天的問題正是缺乏陰謀，「陳大文」沒被偽裝，我就是「陳大文」；正因如此，「我」被抹消，被「陳大文」抹消。抹消「我」的不是別人，而是我的名字。

今天我們都暗暗相信著：我裏面真正是前衛的，雖然我表面保守。因為，在別人痛罵「教會只講靈魂得救」時，我會鼓掌；我也大談潘霍華的神學睿見，津津樂道他的傳奇，還引用楊牧谷嘲笑「壞鬼神學」。又或者，我支持普選，讚揚「八十後」，站在窮人、女人和年青人的一邊，撰文做神學反思。會不會，這「裏面真正是前衛」正是掩飾，掩飾一個事實：不是「表面」保守，真相**就是**保守。

中國老一輩的傳道人邊雲波，1948 年寫詩《獻給無名的傳道者——我的弟兄》，歌頌無名。其實，那就是他的名字了。他到邊疆宣教，又隨王明道入獄，不正是追隨著「無名的傳道者」嗎？無名，卻讓「我」把自己填上，而且，萬人同往，都不會把這個位置填滿。相反，田土冊上的名字只能容納一人，我們都在自己的名字裏孤獨度此生。

不如忘記名字，沒入無名。

門徒／門徒

「甚麼？誰說我不是門徒？」或者有人這樣想。因為，我們不乏宣示自己是門徒的辦法，由宣告耶穌名字，到參與不同的門訓領袖課程，還有歸入嚴謹的教會，作個「真門徒」。

《致丟格那妥書》（*Epistle of Mathetes to Diognetus*），是基督教最早的護教書信，估計在第二世紀以希臘文寫成，可能比《使徒信經》還早。寫書人自稱是「使徒們的門徒，外邦人的教師」，而書信上的署名（mathetes）不是一個專名，而是「門徒」的意思。書中稱基督教為「新東西」，短短的十二章，或者可以讓我們透視頭二百年基督徒是怎樣跟從。其中第五章是這樣寫的：

基督徒跟別人區別出來，不因國籍、不因語言、不因他們遵守的習俗。他們並不自建城邦，沒說特有的話，生活也不標奇立異……他們居住在自己的國家，但只是作為寄居者。作為公民，他們跟別人分享一切，但又像是異鄉人一樣的忍受一切。……他們嫁娶，像別人一樣，他們生兒育女，但不會把孩子殺掉。他們共用餐桌，但不共牀。他們在肉體裏，但不隨從肉體過活。他們在地上度日，但他們是天上的公民。他們遵守法律，同時用他們的生活超越法律。他們愛所有人，並被所有人逼迫。他們沒名字，被咒詛；他們被處死，並復得生命。他們貧窮，但讓許多人富有；他們缺乏一切，但一切有餘；他們被侮辱，但就在侮辱裏得尊榮。

這「使徒們的門徒」，他選擇用上一個又一個的「不」，描繪基督徒羣體的形象。「不」是甚麼意思？「不」是跟普通人無異的意思。只是，何解要強調無異？這不是跟今天教會要強調「與眾不同」的見證邏輯很不一樣嗎？今天教會走的路，是資本主義的「最大化同質」邏輯：大動員、大覆蓋、大噪音。我跟你不同只因我比你多，但我其實跟你一樣。

但真實的信仰，不是無異，也不是跟隨「最大化」邏輯，而是奉行一種屬靈的極限主義（spiritual minimalism），這裏借用了現代藝術的一個詞——極限主義。門徒是在無差異裏面生活，以此救贖生活，就像基督誇勝律法是通過「完全律法」一樣：「莫想我來要

廢掉律法和先知。我來不是要廢掉，乃是要成全。」(太 5:17)

屬靈的極限主義，不是要建立一套「天國文化」出來，而是**把已有的生活救贖**，贖回家庭(嫁娶，像別人一樣)，贖回公民生活(他們在地上度日)，也贖回國民身分(他們遵守法律)。信徒不是要自創新的符號，卻奉行相同的消費資本主義(例如自設公共陣地，或者自設一套貞潔符號，再售賣貞潔產品和佈道秀入場券)，而是要贖回符號，贖回時間。

教會太愛玩味悖論(paradox)，卻不喜愛蒙太奇(montage)。甚麼是悖論？就是思考的華麗，它是概念的衝撞快感，例如「入世而不屬世」，或者「愛罪人但恨惡罪」。但甚麼是蒙太奇？它跟悖論的分別在哪裏？有沒有留意，悖論的衝突是不需要置入時間的，它是一種邏輯張力。蒙太奇卻是在時間裏發生的衝突。共餐而不共牀，或是愛人卻被逼迫，又或者貧窮卻讓人富有，不是思考遊戲，是時間裏的美感。「共餐」和「不共牀」是兩個獨立而實在的行動，而它們的並置(蒙太奇)，卻產生了一種張力，時間生產的張力；這個張力，就是差異所在，它不喧嘩，不自鳴聖潔，卻勝過一千次的得勝宣告。

註 1：見 Jesus Radicals 網頁(2012/4/7 瀏覽)
http://www.jesusradicals.com/theology/stanley-hauerwas/

04 希奇，太少希奇

……按道理，要是
我作夢看到的是維港呢？
下次祈禱會一定要跑到 IFC 二期
租地方，那裏才能盡覽維港。最大的
信心呢？應該會看到全世界，看到萬
國的榮華——等一等，那不是耶穌在
哪裏看過的嗎？

詩人與定律

「倉卒歲月，世事如棋，每局都光怪陸離。」許冠傑的《世事如棋》。歌曾經是這樣唱的，這是詩意。

今天香港社會，普遍沒有詩了。我們相信的，是定律。黃子華在他的棟篤笑裏，告訴我們一切都是「自然定律」。明白了！「自然定律」! 這樣我們便可以看著別人的痛苦，**而只是單單的看著**。那是 2007 年的《越大鑊越快樂》，主題講快樂，實在聽得快樂，錯過的朋友如今可以看了，因為 DVD 已在各大共享網站上載啦。

這場棟篤笑，讓我多分享一點。講到「自然定律」，有兩條「道行」很高的定律，黃子華公諸同好。「係啦」定律，是「係咁嫁啦」的縮寫，書寫語我想該是：「事情只能夠是這樣嘛！」另一條「好奇」法則，全寫是「好出奇呀」法則，書寫語大概是：「有甚麼奇怪！」

就這樣，我們百毒不侵。下一次有賣旗籌款的小弟弟走過來，你拒絕；然後他說：「孤兒沒錢唸書呀！」你只消說：「係咁嫁啦！」要是他再說：「孤兒沒錢食飯啊！」你就說：「好出奇呀？」

細想一下，「係咁嫁啦」和「好出奇呀」，也不過是「一切都是自然定律」的另一個講法。定律嘛，定律就是定律，係咁嫁啦！知道「法則」是怎樣的嗎？你會看《香港公司法》，翻每一頁都說「啊，感謝讚美主！」嗎？不會的，「法則」不是讓你驚歎的事情。「跟未成少女援交要坐牢？好出奇呀？」我們只會在犯法不用坐牢時，才感到希奇。

香港社會沒有詩，跟我們相信定律有關。當然，也跟人人會拍照有關。「難忘你的姿態動靜，略帶憂鬱的一雙眼睛……」《難忘你》。以後我們不會唱啦，因為甚麼都拍，連做愛都在拍，私處都拍下留念了，哪有空間想像「憂鬱的眼睛」? 換句話說：因為看不見，所以回味；因為沒拍下，所以記得。這個「看不見」的道理，等會兒再談。

説回定律吧。定律，大概就是香港人不快樂的原因。可以法外情/法中情/法內情，就是法律本身，沒有情。在 2010 年 2 月，花旗銀行找城市大學(城大)做了一個調查(所謂「香港百萬富翁」調查，往後兩年仍有做)。調查説，愈有錢愈快樂——就是這個結論已經不快樂啦。調查指，有一百萬流動資金的人，當中 63%説滿意生活，説不滿的有 3%，而一百萬都沒有的，有 37%滿意生活，不滿的有 13%。這個調查結果，跟香港大學(港大)做的剛好相反。港大公共衛生學院 2008 年拿了賽馬會 2.5 億元，分五年分區研究香港家庭快樂不快樂(名為「愛+人：賽馬會和諧社會計劃」)，發現窮的地區比較快樂。快樂的原因不是錢，而是家裏人多，家人相處時間多。

矛盾嗎？不一定。研究方法不同。城大是打電話問你對生活滿意不滿意，港大是先決定甚麼指標代表快樂，再作觀察記錄。換句話説，城大的是你決定説不説自己快樂(標準自訂)。那麼，只能説，有一百萬的人，更多人願意説自己是快樂的人。這個在基督教文化裏頭，叫作「宣告」:「我奉主耶穌的名宣告我現在快樂！阿們！」

説回來，為甚麼説「愈有錢愈快樂」，本身令人不快樂呢？因為，那本來就是香港的定律，是敕令:「掙錢吧！愈有愈快樂。」你不快樂嗎？因為你沒聽話咯！那麼，港大説「沒錢更快樂」呢？那也不過是古老的倫理價值，那是安慰，就像你買「雷曼」虧啦，才發現原來「家人更可貴」，原來家人在你炒股票的時候一直都在啊，你現在珍惜了……——等會，這個道理你也不是今天才知道啊！這是甚麼？這是「宗教慰藉」，是你下一次炒股票便會忘掉的東西（就像「耶和華是我的牧者」一樣，不退休/不失業/不大病是不會提的）。

——我剛才有一點說不準。犯法不用坐牢，讓人希奇，這不是重點。是犯法不用坐牢，讓人希奇，**但我仍然不希奇**，這才是黃子華說的精粹所在。「甚麼？有人跳海？係咁嫁啦！」「甚麼？跳海的抱著兒子跳？！……好出奇呀？」「地震塌房學生死光了？係咁嫁啦！」「甚麼？沒地震也塌房死了好學生？！……好出奇呀？」

靠著聖經金句，基督徒們也學會了處變不驚。最常聽的是：「援交嘛，因為末世近了，所以不法的事就增多咯！」要是發現，搞少女的原來是教會執事？我們又說：「因為教會是罪人組成的嘛！」潛台詞就是：「係咁嫁啦！好出奇呀？」

眼見的（不）信

唸到這裏，大概有人會想：「發現家人可貴，難道不是上帝的工作嗎？就是教會犯罪了，那也是有上帝的心意，祂要提醒我們末世近了。難道你不相信神在世事上工作嗎？」換一句話，你是在問：「作為基督徒，你**應該**相信神蹟才對！神工作有祂的**法則**。」

面對著相信自己已掌握法則的人（又是定律，我早說香港人喜歡定律），我們也一同來談談這些信心法則吧。今天，「最懂上帝心」的法則是甚麼？據說是「信心成就大事」。這些傳道者說：「你的信心看見多少，你就會得到多少！」

信心小的，會看到豐田；信心大的，會看到賓士。要是佈道會是為一百人準備，結果來了兩百，一定有信心的懺悔者說：「啊，我們信心太小了！」好吧，小嘛，所以今天我們聰明得多啦；我們求大事說：「神讓我看到香港大球場，祂要我在那裏搞祈禱會！」「要建堂就要有信心，神要祂的聖殿容納一萬人！」按道理，要是我作夢看到的是維港呢？下次祈禱會一定要跑到 IFC 二期租地方，那裏才能盡覽維港。最大的信心呢？應該會看到全世界，看到萬國的榮華——等一等，那不是耶穌在哪裏看過的嗎？

你可能說：「你忘了亞伯拉罕吧？耶和華不是對他說，你看到多少就拿多少嗎？」是的，耶穌也跟天父說過：「願你榮耀你的兒子，使兒子也榮耀你。」（約 17:1）只是，你沒看到那個轉折，那個現實和信念之間的轉折。亞伯拉罕成為大國嗎？但他一生都沒看到。對著一眾信心偉人，聖經的陳詞是說：「這些人都是存著信心死的，並沒有得著所應許的。」（來 11:13）而且，耶穌因著榮耀輕看的是甚麼？是那釘死他的「羞辱」（來 12:2），不是別的。換句話說，在生之年，耶穌未得榮耀。

較古老的講章和聖詩，都會告訴你：「不憑眼見，只要信心」。今天，我們能夠看見的事情多著，由決戰地域邪靈到決志得救人數，由聖經主題公園的異象到福音歌打進流行榜的異象。我們不愁沒有異象，而且每一個都很清楚，那不就是「眼見」嗎？我們宣揚一個又一個的異象，不正是以眼見等同信心嗎？這個偽裝信心的操作，我們可以稱作「預見主義」（anticipation-ism）。

會不會，今天要信心生活，我們反而要遠避異象，遠離這些「預見主義」的偽裝？我們要回到「看不見」，那麼，是看不見甚麼？不正是看不見神蹟嗎？不正是看不見逃走路線的塵世生活嗎？不正是「人」的生活嗎？

橡木香與基督

有沒有看過飲食節目？看得多，我也懂怎樣裝一個食家。有三套辦法。

一，「A 是 A」：例如，盛讚雞湯有「雞味」，或者炒野菌有野菌香。

一般港姐亞姐都是講這個，因為一定不會錯（A 不是 A，只能是假貨耶）。

二，「A 與 B 的辯證法」，正所謂「你中有我，我中有你」: 例如，「嗯！魚肉釀豆腐，豆腐不會搶了魚肉的鮮，魚肉也不會掩蓋了豆腐的香」，黃麗梅最常講這個。

三，也是最難的，「A 中有 x」: 蔡瀾最愛這樣講的，食評的最高境界。食物是靠「不是它本身」來進入化境，而且是一個微不足道的 x。例如，菜香不是因為菜，也不是跟它辯證的肉，而是「豬油」（我説的是蔡瀾熱愛的「豬油撈飯」）。紅酒頂級，也不因酒，而是「橡木香」和紅酒在味蕾上的「複雜口感」。

好飯不好飯，分別不是飯，而是豬油。「那麼單喝豬油好了！」那又不行。單單咬橡木，也不等於品酒。這個 x，總是在你要找 A 的時候，才發揮作用。類似的情況，也出現在藝術品裏。例如，歌好聽，因聽到歌手的換氣聲，現場《天鵝湖》好看，也在於芭蕾舞蹈員跳起後，在木板上著地的噪音。跑到奧地利的藝術館，我最愛看克林姆（Gustav Klimt, 1862~1918）的畫，而且要細嚼油彩塗料在畫布上的厚切和衝突。

塵世裏那個「最高境界」，那個「A 中有 x」，就正是基督信仰的同一個邏輯。如果基督是信心的典範，那麼，信心也該是看見塵世的「A 中有 x」。

唸過《使徒信經》都知道，論到「我信耶穌基督」，有一句是：「在本丟彼拉多手下受難，被釘於十字架，受死，埋葬」(《普天頌讚》版)。這句話，跟其他篇章很不一樣，因為彼拉多是歷史上偶爾出現的人物，他沒有甚麼屬靈意義。想像審判耶穌的叫「老陳」? 大概不會影響教義吧？不是的，必須是彼拉多（x）而不是老陳，耶穌才是基督（A）。彼拉多自身沒有屬靈意義，他是或然的（contingent），但並不是隨意的（arbitrary）。

除了信經的方程式，教義的方程式也展示「A 中有 x」。耶穌作為比先知之言更卓越的啟示，祂不就是上帝嗎？祂作為啟示，比上帝多出的是甚麼？無論多出或減少神性，都會令耶穌或上帝出現等次問題。只是，耶穌比上帝多出的，不是神能（A），而是作為人（x）。那個差異，是一個不神聖的雜音，跟神聖無關。正正是這個雜音，使祂更卓越：「只有在父懷裏的獨生子將他表明出來」（約 1:18）。

舉例，有人患上絕症。那甚麼是信心？信心，不是說相信神會醫治，並要行神蹟（沒有行神蹟嗎？噢，那是你信心不夠）。信心，不是「看見」上帝的醫治，不是預見上帝的「行動」。信心也不是預見上帝的「計劃」: 原來這人在病裏很堅強，因而成為多人祝福，叫好多人信主。一個人的病會祝福別人，但信心不是指「有信心我的病會祝福別人」這一點，這想法仍然是「預見主義」。信心是甚麼？就是看到「A 中有 x」，沒預見、卻遇見的雜音，卻廢除了死亡的恐怖主義。

信心不是「發現」x，這個 x 一直都在場，就像橡木香和豬油，它不隱瞞自己。信心也不是把 x 強制成為 A，作為絕症的「上帝心意」。這個 x 跟 A（神旨/神蹟）沒有邏輯關聯，這個 x 抽離於 A 便是平庸的。這個 x 也不是隨意的，甚麼都可以（只能是橡木香，不能是橡皮香）。只是，看到 x 作為「A 中有 x」，就是看見上帝的工作，看見上帝在塵世的拯救。

05 聖靈，來！

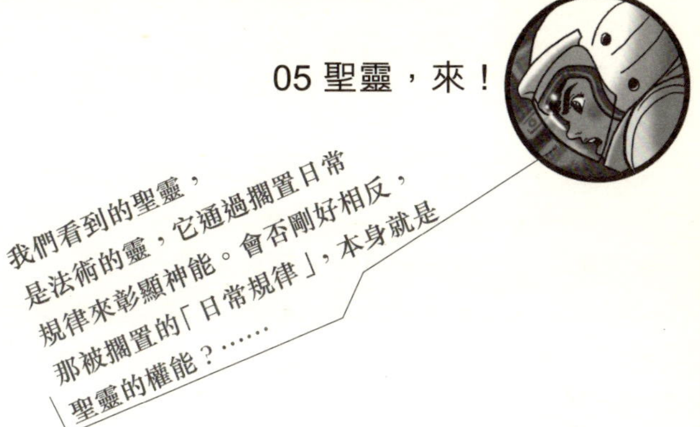

災難片，與焦慮消費

馮小剛的電影《唐山大地震》（2010），宣傳標語是：「23 秒、32 年」。預告片採了倒播手法，天崩地塌一刻，還原為一大片小平房，風扇吹拂、安居樂業。永遠消逝的幸福。倒播，不像一切復和，破鏡重圓嗎？但這「重圓」在先，它不過是永遠不復返的往昔。影像是全面復和，卻指向永不復返；幸福近在眼前，卻遙不可及。

中國終於有災難片，四分鐘豪花三千萬元。韓國有《海雲台》（해운대 Haeundae, 2009），中國就有《唐山大地震》。災難片是國家

富強的表現。災難片，是反災難和反創傷的。正是如此，災難片才好看，才沒有刺痛傷口、幸災樂禍。

《鐵達尼號》（Titanic, 1997）那船身傾側、數十人在甲板滑向一邊的場面，或者《地球毀滅密碼》（Knowing, 2009）那衛星高度看到的太陽幅射橫掃大地，又或是《2012》（2009）裏航空母艦撞向白宮；這些奇觀（spectacles），都是上帝的視野。現場的遇害者，沒幸一睹這壯觀。災難片其實是耍雜技，並非呈現災難作為災難的特點：創傷性。

災難片中犯駁的位置，別少看它，它就是通往災難創傷的缺口所在。那裏，我們本來可以找到災難作為災難的疼痛。「犯駁」是甚麼？就是剩餘而不可抹平的創傷，生硬地被遮蓋。例如，《2012》裏方舟大閘齒輪輾死的人，他們的屍體何以不在大閘重開時掉出來？《鐵達尼號》裏 Rose 看到回頭的救生船，若那麼愛 Jack，又怎麼會把昏厥的他推往水裏才逃命？這些犯駁地方，不正是遮蓋了災難的創傷嗎？輾平的屍體被滾出來，全場嘩然……Rose 求救時不小心把 Jack 弄到水裏，後悔一生，心想或者當時他未死？……

災難片花那麼多錢，不過是另一次打造世間樂園的嘗試，好減輕活著的痛苦。在神的高度，我們暫時忘記自己可憐的肉身。

——「消費社會」跟「風險社會」，會否是同一回事？是全球資本主義狀況的兩個面向？當資本全面移除所有關係，我們就在瞬間變幻的資本之海中翻騰（折騰），剩下惟一的能力，就是作為消費者。

全球資本主義，要把一切資源化為可量化、可流動的資本，這樣，我們可以付最少的成本，並把資金流向最高的回報。所移除的，便是種種穩定關係，包括工作、社區、家庭。以社區為例，「再重建」也是一項尋求回報的經濟活動，實現土地的潛在市值，不惜剷除社區，要搬的是人，資本回報要一切讓路。這樣的社會，人感到缺乏保障，風險意識高漲，到處尋求保值、保本，和增值。但「消費者」這個位置，是一個例外。資本需要消費者形成「市場」，惟獨沒移除他。還能花錢，就成了我們的力量，抗拒風險面前的無能感。這個位置，成了惟一拯救，讓我們安身，被尊重、被肯定、被服事。

當娛樂事業（例如製作災難片）要那麼花錢，但還是有人願意投資，説明它那龐大的消費市場。而技術造價愈高，樂園完成度就愈高。為抗拒風險而作的消費，可以叫作「焦慮消費」。

三個消費的動機：貪婪、身分認同、焦慮。教會責備的，只有貪婪。誰知「宗教消費」更多是訴諸身分認同和焦慮。身分認同説：「是愛主的便消費吧！」焦慮説：「怕『白佔地土』的便消費吧！」

宗教一直有一種「消災解難」的法術功能：作點法，事情就會變好。贖罪券就是這樣一回事，改教者馬丁路德罵它，是因為它侮辱了上帝的福音。會不會，今天極度花費的所謂「福音大製作」，就像說：「當你把錢獻上，你就會聽到『請放低手！』的決志感人時刻！」

若「因信稱義」神學，旨在癱瘓一種無恥的贖罪券邏輯；那麼，今天我們是否要些甚麼，好癱瘓當下無恥地奉福音之名的焦慮消費？

決志，與法術基督教

佈道會為甚麼特別神聖？因為「決志」。沒有人質疑決志，只會質疑「不清楚」的決志，有些只質疑沒好好「跟進」。決志，正是佈道會的光環，但它是怎樣成為一個光環？

首先，我們**渴求**決志發生，決志的渴求跟彩票「中獎」是沒分別的。一場佈道會，親友決志，就像中獎一樣興奮。相反，抽不到甚麼獎的朋友，黯然離場。鎂光燈在相擁祈禱的親友面前閃動；旁邊的爸爸沒有站起來的，總是若有所失。一種「沒被選上」的虛空感。決志，就是得寵眷、走運（求神醫的心情沒兩樣的，分別只是，它的國度觀是已實現的，所求的也就更「憑眼見」)。

這裏帶到第二點。決志面前我們感到無能(我不能製造運氣)，所以，我們需要佈道會這種專業策劃。無能使我們創造出佈道會，但佈道會的前奏卻一直要強調我們無能，不論是決志者、領來者或大會。開佈道會被説成是「打仗」，而且，是一場沒把握的仗。佈道會只此一場，因此特別脆弱；天氣壞了，或親友忙了來不了，當然是撒但攻擊。相反，由於我是無能，決志便獲得神蹟的高度，決志的經過必須被説成是不合理：「他不可能信的喔、那天他本來來不了啊……」不只信仰的經歷要倚靠不合理(天天都是神蹟！)，信仰的起點(決志)就必須不合理，因為不合理才像「神動工」。

只是，我們真的只是被動迎接決志嗎？當然不。大會用盡辦法讓你覺得「來！不會悶！」領來者也告訴你「來！你要是朋友。」連決志者，不少也是為等到「那一刻」來決志。這裏有一個奇怪的局面：一邊我們要感到無能，説決志是神蹟；一邊我們設法令人決志，為小聰明感到興奮/感恩。其實，這兩點並不矛盾：不正是首先建立決志的神蹟地位(不合理、不可能)，我們才能在參與其中時感到一種人生的意義高漲嗎？「永恆價值」不正是這樣生產出來的嗎？「永恆價值」就是通過「宣告緊急狀態」(見第 11 章)所生產的價值，它跟知識或倫理完全無關。

這裏要引到第三點：決志的光環，是「法術」（magic）的光環。神蹟要求不合理，愈不合理，神蹟愈大。法術，是屬靈技術，是指我在「神蹟」裏有影響力，這影響力（「神使用」）以決志人數引證。決志人數多少不是對錯問題，是法力問題；人數多的是「神大用的器皿」，你人數少不過是「小用」，不是罪過。

走運、神蹟、法術，這三個元素構成了決志的三重光環。有沒有留意，它們其實也是「經歷神」的三大指標？領人決志，不過是「法術基督教」（Magic Christianity）的一次重要實踐。

這裏我要提出一個主張：會不會，決志光環和整個佈道運動淪陷成為焦慮消費，其實，是聖靈的神學出了問題？由一開始，福音派選擇把福音作為反文化的「緊急狀態」，它就種下渴求絕對權力的禍根；而這渴求能夠說成是「屬靈渴慕」，皆因我們只有五旬節的聖靈，而且只有超自然的五旬節。

我們看到的聖靈，是法術的靈，它通過擱置日常規律來彰顯神能。會否剛好相反，那被擱置的「日常規律」，本身**就是**聖靈的權能？當華人教會擁戴一種「可複製的神蹟」，我們要**釋放決志**，想像一種「日常奇異」（mundane singularity；這個詞原指一項技術計劃，發展日常生活的高度互動），好重新擁抱聖靈，向祂說：「來！充滿我們！」

聖靈，與救贖色相

佈道會主席說：「願你們得著神！」我們便努力尋找「得著神」的點滴。那限定時間內的限定驚喜，被不斷重述，好維持我的認定：「我是得著神的。」相反，偉大的基督教神學家奧古斯丁，在靈魂裏掙扎，最後認定的是神得著全世界：

> *……上帝，轉離祂是跌倒，轉向祂是高升，在祂裏面是站立；上帝，離開祂是糟蹋，歸回祂是復生，住祂裏面是活著……*
>
> *——《獨白書》，奧古斯丁*

奧古斯丁還會告訴你，能配稱為「是」（being）的只有神。人類以至萬物，離了祂，就不再「是」（即變為無有）。不是說，有某些東西才是恩典，或者超自然的事情，或者不合常理的事情，而是說，造物本身就是由恩典架構出來。萬物本是無有，是上帝從無中立定一切，給予萬物「形相」（eidos，即影像），讓每一件事物「成像」。事物的本質是甚麼呢？唸過科學的都知道，物體裏有 99.9999999999%的空間都是沒東西的（電子和質子間存在巨大距離），是不同的「力」架構了物體的外相。對佛教而言，「無」才是事物的真相，色即是空。但對奧古斯丁來說，「有」是恩典，是「善」，而不只是自我瞞騙。自我瞞騙是偶像化，把形相看作永存，但形相仍是恩典、美善。恩典創造的，首先是形相，接著是秩序，然後是統一。

奧古斯丁不是相信善是善，而是相信萬物是善，因為所有的「有」都是從上帝來的，無一例外，以此，他要杜絕摩尼教（Manichaeism）的二元宇宙觀，即有些東西是善的，有些是惡的，善由善之神創造，惡由惡之神創造。奧古斯丁要掃除一切把惡歸於物質的想法，既然「有」是從上帝而來，那麼惡就不是實質的，而是實質被缺掉（privation）。

當奧古斯丁看聖靈是創造形相的，是秩序和統一的賦予者，今日教會看的聖靈工作，卻是「前秩序」甚至「前語言」的狀況。狂熱情感的盲動，無以命名的親暱，回到創世以先的混沌狀況，被看作是聖靈大能。同時，教會又對當代用以達成控制的技術文化全盤抄襲，強化技術的奴役性，而不是把它贖回。

如此，聖靈的充滿是甚麼？不僅是「解構」的充滿（狂風/焚燒/溶化），也是「構成」的充滿。不只是回到白色光芒，這光芒要照遍眾生色相。那麼，決志又是甚麼？那不只是被焚燒、被釋放、被擁抱，更是要被聖靈構成，構成被贖世界的一部分，構成「新造的人」。「若有人在基督裏，他就是新造的人，舊事已過，都變成新的了。」（林後 5:17）

幻想的終結

06 最終幻想

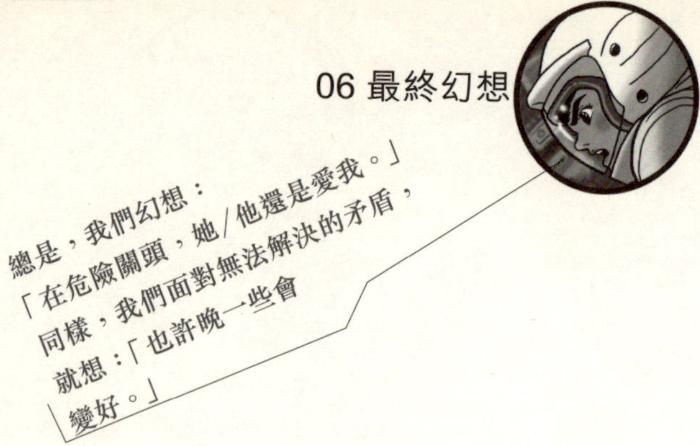

貞潔運動沒說的

「很想輕撫你，所以避開你，寧願用距離，去令你好奇」，這是高皓正寫的《不要驚動愛情》(2007)。我聽的，是鄭秀文 2009 年翻唱的版本。聽著，我就想：這首歌好浪漫，但那是甚麼原理？高皓正下的是甚麼藥？

有人說，張力；但《無間道》(2002)也是張力呀，怎解釋它的甜，而不是梁朝偉繃著的臉？先把這問題放在一旁，先問大家：要是你真的按這首歌來談戀愛，結果會怎樣？想輕撫所以避開，眼神迴避，手臂沒動……這個嘛，當然甚麼都沒有發生。這還談成戀愛，你要信是神蹟。

說回來，那浪漫是怎樣來的？肯定的是，那並不是甚麼都沒發生，相反，發生的就在眼前。要不然，你聽最後一句，你怎能「用沉默叫醒愛情」啦？用念力嗎？女的又怎會「用期待做你反應」？原來，高皓正沒教我們的，是它正在發生的愛情！

這首歌說，要等，要慢，我們就以為，那等著的才最浪漫。錯了。這也是「貞潔運動」（註 1）的邏輯：等候不做，因為等了那事更美。事實是：在等的時候，最浪漫的**正在發生**。讓我再解釋一下，這很重要，特別對想談戀愛的男生。

近年，有兩套青春電影都在談禁慾。在《新變形俠醫》（The Incredible Hulk, 2008）裏，男主角布斯想跟女的親熱，但這樣他心跳就加速，會變怪物，這逼令他放棄。那心跳計是禁令，說：「你不准！」這不浪漫。另一套叫《吸血新世紀：暮光之城》（Twilight, 2008）。同樣，男主角愛德華也是想跟女生親熱。他靠得太近想吸女生的血，馬上，他打自己，整個人飛撞到衣櫃，才掉下來。這裏愛德華在傷害自己，他反抗心魔。這浪漫了。

那吸血的慾望，不就是暗指性衝動嗎？愛德華說的是：「我想親你，但更愛你。」布斯是說：「我想愛你，但『它』（那綠色怪物）不批（你幹，我就跳出來）。」想像一下，如果「貞潔指環」不是自己買來向上帝立願，而是要別人送的，上面還寫上「請保護我」(Guard Me)呢？又或者，「貞潔指環」是有兩部分的，一部分是等著你要守護的女生出現，給她送上……

說回高皓正的歌。「很心急擁抱，所以在禱告」，沒說的，是「不想做我想做的」，但這個「我想」的被劃去，正是愛。沒說的，不是空白，而是寫了，但又擦掉。普普藝術大師勞森伯格(Robert Rauschenberg, 1925~2008)，他有一幅作品是這樣「畫」的，他拜訪抽象派大師德庫寧(Willem de Kooning, 1904~1997)，取得一幅炭筆畫，然後把它全部擦掉(也得花了兩個月來擦)，就變成他的作品，名為《擦掉德庫寧畫作》(Erased de Kooning Drawing, 1953)。擦掉，不等於空白。而高皓正的詞，就是把愛未說出來卻已吞掉；把它擦掉，但又讓你知道它在。這寫了又擦掉(那管是沒真正寫過，只是暗示它存在)，跟空白之間的差別，設為 x，這個 x，這個最少差異，就是愛。

「求甜蜜以前，帶著你漫步」，有趣，不是又漫步又纏綿。情人節廣告不是說，先浪漫燭光晚餐，再去時鐘酒店肉搏嗎？但正是這樣，錯過愛，錯個 x。那個 x 是心聲，這心聲以「心結」來展現。「結」不是要解，「結」是給你用心來裝下。心結，是要邀請對方也把心拿出來，好裝下你的心(結)。

把性變成要抗拒的，正因為性作為「我喜歡」是無可爭議的。把「我喜歡」說了，又刪掉，剛好說出了愛。也許，結婚是戀愛的墳墓，不是因為愛維持不了，而是「等著結婚」就是一個「結」，結了婚「結」就解了，但大部分夫婦又找不到新的辦法打結，只好幻想來一個《2012》式的災難治療，或者是甚麼老婆昏迷了老公在牀邊吐心聲……

神學生與啃牙珍

總是，我們幻想：「在危險關頭，她/他還是愛我。」同樣，我們面對無法解決的矛盾，就想：「也許晚一些會變好。」

有次在龔立人兄的網誌（得罪引用了）（註2），看到他寫國際反歧視日。他寫道：「教會不要以為相信『上帝愛世人』，就不會有種族歧視」，然後就說到香港的種族歧視。結尾了，他寫道：「因耶穌基督的死與復活……教會認識它作為種族間的和好使者的職份是上主的呼召。」——似曾相識嗎？這不就是開頭龔所批評的**錯誤假設**嗎？最終教會要認識的福音，不就是開首那已經認識了的同一個福音嗎？若是，結論的藥方又怎會防止種族歧視？這就如說：「信神愛世人還是有歧視，來！信神愛世人！」「別以為耶穌有恩典教會就不會不濟，來！耶穌有恩典！」

這個「A 不夠，但要 A」的循環，令我想到一個故事。有個搞地產的，跟湖中心釣魚的説：「老伯！我幫你發展這裏吧！」然後他告訴老伯，怎樣打造一流的度假區，讓老伯發財，老伯就問：「最後我得到甚麼？」「就是可以享受人生，在湖中釣魚！」「這個我現在不就在作嗎？」老伯太聰明啦，他很快就洞悉發展的多餘。只是，我們一般不是這樣講的，我們是説：「發展，生活不一定得到快樂，來！我們發展！」

另一個常見的想法是「真命天子」Mr Right。憧憬愛情，總是指憧憬著一個 Mr Right。戀愛了，失戀。那不過是説：「Mr Right 未到。」那麼，Mr Right 何時會到？不會的，「他」只有兩個結局：一是未到，一是：「啊！原來他不是這模樣！」幻想總不實現，要實現，就是作為一個失敗。筆者請教以上的藥方問題，龔兄回答説，歧視是因為「教會從沒有真的認信」。那麼，甚麼時候教會才是有「真的認信」呢？它會實現的嗎？還是，這個 Mr Right（終於有「真的認信」的教會）就在這裏，只是：「啊！原來他不是這模樣！」

去過神學院的畢業禮嗎？那裏總會找一位畢業生講講感言，除了多謝 ABCDE，他一定會説：「原來神學生生活不是這樣。」那麼，是不是諸如「做一日神學生」的活動搞得不好，誤導市民？

不，就是你説出神學生生活的辛酸，要報讀的，總會將它浪漫化，變成一個縱然如此：「縱然如此，我仍走上！」——好悲壯。

會不會，「神學生生活不是這樣」正正就是「神學生生活」的精粹？説過貨不對辦，我就是神學生。

我們常説，愛是一個「縱然如此」。愛有三種，第一種是「因為」的愛（因為你漂亮，我愛你），第二種是「如果」的愛（如果你給我一棟房子，我就愛你），第三種是「縱然如此」的愛（就是你醜/你窮，我都愛你）。會不會，「縱然如此」的愛，不過是幻想中的愛？

或者你不服氣，要問我：「那你説，真愛是怎樣的？」真愛，就是「A 中有 x」(見第 4 章)。例如，你愛上「哨牙珍」，想像你説：「縱然你哨牙，我也愛你！」看她會抱著你，還是哼的一聲走掉？

真正的愛，是愛「A 中有 x」，説：「哨牙珍，我愛你的哨牙！」那她一定口在罵你肉麻，卻甜在心頭。但別誤會，正如高級紅酒有橡木香，你不會跑去買橡木泡酒。你相當了解，不是「哨牙」本身可愛，而是因為那（x）是哨牙珍（A），所以她的哨牙你愛死了。真正的愛，是第一種愛的變奏，是「因為……但不是」：因為你哨牙，但不是你的哨牙。

幻想領袖，幻想感動

「縱然你哨牙，我也愛你！」這句話聽起來是說：「我就是不愛你哨牙！」想擺脫平凡（要超越人間的愛），結果不過更平凡（比「因為你漂亮」的愛更差勁）。這一點，我們不就在前特首曾蔭權身上看過了嗎？2005年，他寫自己是「政治家」，就是要「不只是一個特首」，到了2007年，他的競選口號是「我要做好呢份工」，太平庸啦，是不是180度變了？還是，那其實是同一回事？

領袖，不是工作外的魅力，而是工作時的能力。但領袖做得好，別人就找，他工作人家工作，分別在哪？別人就往小趣味去挑，發現他愛吃蛋撻，或者他懂打球。要是我們以為，工作不過是工作，領袖是在工作外面去經營，說要比人家更厲害，結果，只會比人家更平庸。

會不會，2006年梁家麟院長撰稿（又開罪了）（註3），大論教會的「三國演義」，或者在2009年崇基學院神學院演講，贊助人伍山河牧師那「找神學生要挑靚女」的爛gag（冷笑話）（註4），不過是想突出：「我不只是搞工作的院長/贊助人」？但人家要在領袖身上找的，不是個性，而是**像個領袖**那樣工作。當領袖的要突出個性，相反，要你個性的，卻面目模糊；我說的是教會的福音製品，說見證或者唱敬拜（本來該是很有個人風格的產品），都是千篇一律的「個人感動」。

記得在facebook看過一段片子，拍幾個少女在辣雞店吃得快樂，剩下的倒在廚房。原來有人來拿，再送到窮家孩子；窮家庭謝飯，然後吃咬了一半的辣雞和肉塊，且吃得津津有味。看了的人，都留言立志不再浪費。搞甚麼了？片子不是說，你浪費的反而成為窮家的祝福嗎？你下一次吃掉整塊雞肉，窮人就揹骨頭了！「個人感動」是一條公式，看到人家沒飯吃，就慣性的「個人立志」，別浪費食物，那管人家因此沒飯吃……

某保險公司與「願望成真基金」合作，賣廣告說，贊助的是孩子，癌病的康復者，而贊助他的不過是一台冷氣機。文章又說，他不會隨便開冷氣浪費電力——這不正是一般人要求的獻金受惠者的**條件**嗎？（想像一下，孩子就是秋涼也把冷氣開著，他就不值得贊助了？）感動是一條公式，感動了，我就給錢。

重要的，還是我的幻想，管它世界真正的模樣是甚麼。

註 1：香港教會的「貞潔運動」，是 1999 年由大衛城文化中心發動。近年接力的是「青結聯盟」。他們在 2007 年舉辦「珍愛行動」，2012 年再在情人節舉行與上帝立約的活動，一眾青年人戴上「貞潔指環」，堅守貞潔。

註 2：龔立人，香港中文大學崇基學院神學院副教授，筆者友好，個人網誌名「霎時衝動，發瘟與感動」，網址：http://kunglapyan.blogspot.com/，所指的網誌為 2010/3/16 的一篇。

註 3：梁家麟，香港建道神學院院長，也是筆者唸神學兼讀課程時的老師。這裏指的是他在《時代論壇》裏一連三篇的「教會三國演義」，分別載於第 962 期、第 963 期及第 965 期。

註 4：作為崇基學院神學院校董的伍山河牧師，曾在 2009 年的崇基神學日暨畢業禮訓勉中指，當年一同讀書的女神學生，大多「肥肥矮矮腳粗粗」，引來哄堂大笑。其後崇基學生會對伍牧師表不滿，不認同他以外貌評斷女傳道人。其後事件由伍牧師道歉而平息，但已引起《明報》報道。

07 日常交換原理，和四種掩飾

我要問的是，何以福音派羣體
有這一個狀況：在儼如先知大聲
疾呼之後，是絲毫察覺不到跟世俗節目
有別的軟性節目？這種性格斷裂、判若
兩人，會不會根本是同一個
狀況的兩面？……

女演員的上牀價，與無價

無綫電視劇《摘星之旅》（2010），其中一個預告是這樣的：「有人說，每樣事物也有一個價錢，理想可以賣，親情一樣有價，但換到利益失去靈魂，是否真的值得呢？」（註 1）

其實，這講法來自一個流行一時的話題：「每個人都有一個價！」就是說，你笑人家做援交不道德嗎？你說你不會，那不過是因為價錢太低，要是來一個夢寐以求的天價，怎保證你不會？兩千塊不能買你上牀，那麼兩百萬呢？兩億？

網絡上的一則新聞。一個蠻可愛的女生，二十四歲的演員，她被發現自殺，光著身死在瀋陽某高級酒店。公安調查指，死的當晚，她被導演「潛規則」，跟他上牀，導演走後她先生也進過房間，接著她就自殺。(註2)

有沒有想過，每個人都有一個價的「價」是甚麼意思？看來，是說你有價值；想清楚它是說：「我把價錢往上推，到了一個水平，就可以把你搞垮。」價，是一個可以讓你人格崩潰的最低價。援交女可以一千塊上牀，其實是說：「不用兩千塊已經可以啦，省回一千喔！」那自殺去了的女演員，大概是突然發現被掩飾的事實：一張演員合同已經可以侮辱她，連兩張都不用喔……

這個最低的侮辱價，不單是指出賣肉體的事，它根本就是**一切**經濟活動的法則。在我把一件事情定價的時候：

一、它不再「無價」，而是有限價；
二、它的價，總是最低價。一件事物被定價，就是說在價格以上的可能都被放棄了，事物出賣，就收回定價。

為了維生，我們總是把自己的一部分定價，放在市場買賣。為了維護尊嚴，我們同時也對這個事實進行掩飾。首先就是跟被賣品疏離，忘記那是自己的。被賣的，可能是我的物品或製作，也許是我的勞力、笑容，甚至是我的生活（例如誹聞炒作）。

說回那預告，電視台說的不準。換到利益失去的不是靈魂，而是「不能交換利益」的可能，或作：無價。一件事物要維持它的無價，就必須免於市場，若它進入市場，這就是它的「墮落」了。

李嘉誠的三分一身家，與三種虛偽

由於買賣的本質是那麼不體面，我們總得想辦法，把事實掩飾。最原始的做法，便是「講價」（討價還價）。講價是一項互動表演，顧客壓價，店主裝得無可奈何的同意把貨賣掉。過程中，店主把隱藏的不體面，轉化成可見的「用虧本價賣貨」，但這跟「人情價」不同，顧客是不用償還的。當然事實是，店主還是有賺的，講價也把這一點掩飾掉。

第二種掩飾買賣的手段，是把整項生意異化，好像你不能拿主意一樣。老街坊多熟悉，也不能在茶餐廳講價，說咖啡要便宜五塊錢。你要是這樣，店主會說：「這是規矩，我也不能違反啊！」也許，店主會給你多一點菜，但食物的價格就好像不是他決定的一樣，不可隨意的改。也因為這樣，那些壟斷市場的巨頭，會把 x 分之一身家捐出來（早前有人問李嘉誠會否效法蓋茨〔Bill Gates〕捐出二分之一身家，他說其慈善基金已等於他三分一的身家），萬人傳頌；只是他們的企業怎樣壓榨員工，他們卻無能為力……

除了講價和把生意異化，還有一種掩飾買賣的方法，是索性把這個尷尬的買賣取消掉，換成捐獻。我給錢不是給你，是奉獻，錢花在孤兒或者上帝身上。這好像你不用謀生一樣的，其實誰都知道，你的經濟還是靠寺廟或教會來維持。這個模式產生了一個有趣的現象：一方面，捐獻者的錢不是給你的，是給你奉獻投身的那項事工，例如一羣孤兒，或者待聽福音的靈魂。另一方面，當你在獻金前一無所有，你便會跟整筆獻金認同，獻金的多少跟你無關，就轉化為息息相關。所以，廟祝關心信眾添的香油，教會執事們也很關心會友「對神的心」，批評那些學不懂「什一奉獻」的傢伙。

三種掩飾的手段，產生了三種不同的賺錢策略。也許大部分人不喜歡講價，覺得太虛偽。事實剛剛相反，講價模式的虛偽，在三個模式裏是最少的。因為店主惟一可以控制的是價格，他惟一偽裝的就是「我虧本啦！」也許講價虛偽，是因為這個虛偽太低手、太明顯。在把生意異化的模式下，我們把生意和恩惠劃成兩個世界，不只生意被偽裝為「我不能拿主意」(「法人法」強化了這項事實)，恩惠也被偽裝成跟利益無關，比講價模式裏被壓下省回的錢更神聖。有錢人搞慈善基金，好像他在生意裏是不能慈善的一樣。這樣，他可以盡情追逐利益最大化、市場規則或行業規則，賺盡天下錢；同時，他的善舉又被歌頌成聖賢一樣，錢裏滲著的工人血淚都被抹掉、無人記念。

而最虛偽的模式，必數奉獻。正因為奉獻者看見的是神聖的事工，例如一羣孤兒或待決志的靈魂，你的酬勞最多不過是收在給你的多謝咭裏面的一張鈔票，連提也不行。例如，沒有人會在多謝咭上寫上：「謝謝你在主裏的辛勞！P.S. 附上五百大元是我們的報答，別麻煩主」……這樣，只有把慈善事業滾大，你才能從中取利。可見的買賣被抹掉，它只是被抑壓，化成無形的利益，補償你被全然抹掉的金錢。只是，慈善事業的偉大必須以遺忘你的利益為前提（也要強調你不時忘了自己的基本權利）。說這是最虛偽的模式，是因為你必須否認從中取利，才能維持你**謀生**的條件。

先知與玩伴

基督教網站「格思」（iQuest）其中一篇文章叫〈搏殺中環——Be Flexible!〉，作者「邦女郎」是搞私募基金的，她分享了老闆處理談判比她靈活，讚揚許多中環賓架（i-banker）的「轉數快」，是一篇輕鬆小品。另一篇〈她很美麗〉的作者，分享了一個電視節目，還推介那可往 Discovery 居家健康頻道找。（註 3）

在「格思」的網站裏寫道，「格思」的使命是要「在公共空間表達基督教信仰的聲音和價值」。事工顧問余達心牧師在〈不能再讓大道遺於世外〉裏寫道，教會棄守了文化，沒有「銳意培育具基督教世界觀、價值觀的作家」，余老牧又呼籲，「我們必須開拓發聲的平台，讓世界聽到我們的聲音，讓上帝的道，透過我們的思想、生活、創作呈顯出來」，而他所指的，就是「格思」這網絡平台。

當余老牧把「格思」的呼聲設在這麼一個高位，為甚麼我們會看見這平台精挑細選兩篇小品放在《時代論壇》裏，卻是絲毫找不到這種「基督教世界觀、價值觀」、內容跟任何報紙副刊小品無異？

類似的情況，同樣發生在劉倩怡的平台「想飛傳播」（SoFree Media）上。在〈人生有幾多個十年？信仰與流行文化整合十年尋索的一點自白〉（2009）一文中，劉倩怡細說她十年的基督教圈子探索（註4），寫道：「我們要排斥的不是流行文化或傳媒；而是當中錯誤的價值傳播；商業營運下的欺壓；包裝、純市場考慮，到最後是將人的價值轉移，甚至扭曲等等。」她批評在基督教裏，重視的是金錢、市場考慮，且總愛挑名人，寫道：

> *這多年來，置身其中或是旁觀的，我看到基督教的製作，無論是幕後統領的或是基督徒受眾的，重視的是：劇中人信主的神蹟、宗教語言、是否基督徒主演；然後就是各樣金錢、市場考慮，所以每每剛信主又有知名度的基督徒演員總是首選……*

只是，同時我們又看到「想飛」的主要節目「真心對話」，是如何的請來一些當紅名人深情對話，跟坊間的真情對話電視節目不是太相像嗎？劉在 2009 年也搞了個論壇談「基督大戰流行文化」，請來大堆頭的神學和傳媒名人還加個 G.E.M.——但為甚麼要 G.E.M.？為甚麼要大堆頭？那不太像「挑名人、市場考慮」嗎？

除了格思、想飛，另一家福音派機構明光社，也有類似的情況：一方面它強悍力抗社會歪風，一方面它的電影研習小組，跟坊間影評活動無異。單看主題，沒有人會猜到是「明光社出品」。還有一向主打娛樂節目的林以諾牧師，他活像真理捍衛者的力斥「文學釋經」（註 5），怎能辨識在旅遊節目裏的是同一個人？

我要問的是，何以福音派羣體有這一個狀況：在儼如先知大聲疾呼之後，是絲毫察覺不到跟世俗節目有別的軟性節目？這種性格斷裂、判若兩人，會不會根本是同一個狀況的兩面？會否，當先知所聲稱的「公共發聲」未能有效時，他為了要一步到位，便需找一樣最像介入社會的東西來做，而最適合做這個東西的，**就是**社會的產物。

就是這樣，余老牧罵的「教會棄守文化」，它的另一面就是在「介入社會」的位置，直接展示本來就在社會的產物；由軟性小品到名人清談，或把早就在公共的專欄文章轉載，以充填這個據説要「進入公共」的平台。

第四種掩飾：我把自己一分為二，一個是先知，一個是玩伴，掩飾不存在的公共介入，換來空間偽裝使命。

註 1：見「視頻：摘星之旅 TVB 預告 4」(2012/4/8 瀏覽)
http://v.youku.com/v_show/id_XMTk0Mjc3MzA0.html

註 2：見「女演員裸死酒店浴缸內 生前遭導演潛規則」，2010/7/11 報道(2012/4/8 瀏覽)
http://news.sina.com.cn/s/p/2010-07-11/114920654658.shtml

註 3：兩篇文章分別見《時代論壇》第 1194 期及第 1196 期。「格思」為福音派的網上文字事工，顧問包括中國神學研究院院長余達心牧師(人稱「余老牧」)，網址：www.iquest.hk。

註 4：劉倩怡曾任職基督教媒體機構「真証傳播」，2007 年鋭意獨立發展，成立「想飛傳播」，2011 年劉重返電台工作。有關文章見於《時代論壇》第 1141 期。「想飛傳播」網址：http://www.sofree.net。

註 5：這裏説的是一場因基督教媒體機構「影音使團」而起的論爭，就他們聲稱「99.9%肯定」發現挪亞方舟一事，林以諾牧師站了在影音使團一邊，不點名批評香港神學院講師張祥志先生，在 2010 年一個公開聚會上主張以「文學釋經」理解聖經的方舟記述。可見阡陌社區浸信會主日講道，題為「挪亞方舟與末世預言」，時為 2010/5/30(2012/4/8 瀏覽)
http://www.ccbc.org.hk/index.php?option=com_content&view=article&id=248

08 電視廣告巡禮，與我們是如何展示信仰

若不回到真身，
卻以點像取代人間，
別告訴我耶穌愛你、
你愛耶穌。

必勝客與快樂迫令

2010 年 8 月的必勝客 Happy Moment 廣告，一如以往，展示開心派對，拿著新款扭扭批薄餅，大家吃得開心自信。橙衣少女吃薄餅，刻意表現出一副自信神情。（註 1）相反，電訊盈科 Only PCCW 廣告用上大量特寫鏡，旁白「有喜……亦有悲……」，半個臉孔佔據畫面，眼淚掉落，展示《霎時感動》式的深情。（註 2）

這兩類廣告手法，今天已司空見慣。還記得十數年前，在麥當勞集團市場部聽講，他們叫這些手法做品牌形象建立（branding）。那時看著近乎電影的廣告，異常興奮，因為不用再聽商家們硬

銷了！

當年不懂問的問題是：這種軟銷廣告有多「軟」？以必勝客的「大伙兒開心」為例吧。這種「開心自信」，跟它的「展示」重疊（doubled），這種情況是作為一個「超我的迫令」（injunction of superego）。事情 X，它的開顯 X' 沒有延遲（論式是 X≡X'，當中「≡」是「強制等於」的意思），這 X' 是瞬間而飽和的，X 的意義被它完全窮盡，這就是一種命令格式。換句話說，「大伙兒開心」，它的說法是：要大伙兒開心！

有哪種情況 X 和 X' 不重疊？一是 X>X'，展現比事情少，例如深入報道（《新聞透視》之類）所採取的展現格式，所展現的總是所發生的一小部分，嘗試但總不能把全部呈現；一是 X<X'，展現超出事情，例如電影的「王家衛 feel」，展現是為了自我展現，作為大師的「作者簽字」。

「要大伙兒開心」同時是三道迫令，分別是如何講自傳、如何規訓身體、如何在生活中表演自己。我的故事**要**有派對（自傳），而且生活**要**大伙兒（身體規訓），在當中**要**開心自信（生活的表演性）。

X≡X'，一種事情與其展示重疊的影像策略，也是當下不同基督教媒體製作採取的策略。為甚麼？從上文透視，是因為教會羣體愛上單一的言說形式——迫令。「文以載道」，志不在發展文學，而是控制，好達致道德議程的執行。進入媒體世界，便獨愛X＝X’的影像策略。

PCCW 與信仰特別效果

別以為 PCCW 的深情廣告，就比必勝客來得率真，相反，它全不在乎事實。這種像回憶碎片的深情影像，幾乎可以放在完全不同的產品上，諸如 Canon 相機、維他奶、東亞銀行或友邦保險。這裏也透視了今天故事的「鏡頭化」。正如電影《全職殺手》（2001）裏劉德華的話，電影預告片比電影還好看，那是因為故事（全套電影），不比鏡頭（預告剪接）吸引。

日本木瓜溶脂素的廣告，為甚麼要用見證人？又用電腦動畫（CG）表現肥腫像透明果凍剝下？那正是因為，脂肪的遞減是看不見的。所謂「見證」，不是要引見事情的「事實」，而是用字詞填滿那個「事實」的位置：找幾個人說，就是真的。（註 3）

我們已重新進入不可見的世界。曾經，眼見是鐵證。那時候，人恥笑眼看不見的精靈和鬼神，但今天我們信奉另一個不可見的世界，那些從不考究的「真相」。正因為減肥的操作眼看不見，才要CG（電腦繪圖）製造效果。同樣，我們對事實不感興趣，才用

CG 報道「動新聞」；在那裏，我們看見不可見的案情，它比事實吸引得多。

特別效果（special effect），是今天社會惟一關心的事。「效果」原先是指真實的作用，它往往需要時間發展，因而事件 X 的展現 X'會滯後於 X 本身，事件總是比它的展示多，即 X>X'。我們曾經容許 X' 的延遲，換句話説，容許有 X 看不見的時候。以 1818 年的科幻小説《科學怪人》為例，科學怪人由白紙開始學習，當時還有「學習期」這個概念。今天，沒有「學習期」，我們還期望奶粉可讓孩子吃了變老人精，玩遊戲時懂用保護色。（註 4）今天的科幻故事，同樣沒學習期，由《阿凡達》（Avatar, 2009）到《潛行凶間》（Inception, 2010），都是瞬間奇技，實習也不用。

這種瞬間的、神奇的、片斷的特別效果，於電影就是預告片，新聞裏，就是 CG 案情重現。

信仰的特別效果呢？就是可剝離現實的瞬間精采。瞬間，比人生歲月更重要，而後者才是信仰原先的「一般效果」。我們還樂於字面地製作特別效果。例如，當年福音電影《生命因愛動聽》（2001）的優先場問卷調查，其中一條是問：究竟哪一個場景最令你感動。「感動點」，是典型的特別效果，是從生活裏剪輯的「預告片」。PCCW 的深情廣告，像不像沒有原片的預告片？

決志人數，是另一種特別效果。數字**就是**魔力，花數小時電玩「升呢」(過關)，不過是為了讓數字增長罷了。數字增長，本身就快樂，不用還原為它代表的成就。如今，一個人能帶領二萬人信主，似乎可跟一生奉獻給數百會眾的老牧者匹敵，更像是「上帝大用」。雖然，領人信主不過是指在十分鐘內叫人舉手決志，絕少有個人面談，也別説要門訓跟進。與數百人同行一生的牧養一般效果，卻不及決志人數的特別效果搶眼。

藍妹、玩家與先知的過帳技法

上述必勝客廣告，有一點還未提及，就是薄餅是怎樣融入廣告當中。廣告裏，薄餅無處不在，還有特寫鏡頭展示它熱氣騰騰。

藍妹啤酒森林篇就不同了。美女一同探險，最後十秒才示範喝下藍妹啤酒。(註5)按產品的展示方式，必勝客是較「硬」的。最硬的硬銷，莫過於數十年不變的愛膚堅皮膚噴射劑。或像Vitor石榴篤橙(註6)，特寫一個個切開了的橙，那也是產品自豪。

相反，藍妹廣告三十秒，啤酒出場約有十五秒；這裏有個有趣問題：為甚麼商家花錢拍下廣告，卻容讓產品出場時間只有一半？

產品出場時間較短，是軟銷廣告的特點。那些跟產品無關的主題，佔掉大部分時間，而當中描述的事情卻不是商家關心的。例如，藍妹啤酒的老闆，不真的關心推廣探險。這種「不關心的事情」佔去大部分時間的現象，也是教會的佈道會邏輯：我們談科學、論潮流、載歌載舞，但主辦者又會否花時間和資源發展科學、推廣音樂？或者平時鼓勵年青人追蹤潮流？甚少會。把「方舟考古」作為點子，不代表佈道者關心考古，相反，主事者明言：「即使有天證實，這木結構並非方舟；也不會令人跌倒……」（註7）

那麼，為甚麼要花時間展示我毫不關心的事？那是因為，這部分所收的社會效果，會「自動過帳」成為產品的功勞。同樣，當商家搞慈善基金，就會顯得他的企業仁慈，縱然事實仍是欺壓工人、壟斷行業。所謂形象建立，如今是形象虛構，它是用「過帳」來獲得，跟產品沒丁點關係。

為甚麼先知要同時成為玩家？（見第7章）原因之一是，「玩家」會把他的受歡迎度過帳給「先知」，單做先知會被羣眾的石頭打死（也許明光社屬此情況）。當然邏輯亦可以倒轉，「玩家」需要「先知」打造屬靈高度，再自動過帳給玩家。

切割與點像、阿凡達

1994 年，黃國倫為王菲寫下了《我願意》:「我願意為你/我願意為你/我願意為你/忘記我姓名……」後來他告訴我們，那個「你」他寫的時候想著是主耶穌，我們都感動了。這裏反映了一個怎樣的「愛的操作」? 這不是系統神學課題，而是靈修學——我們是怎樣相信自己在愛著上帝？

我們對上帝的愛，是口裏的字詞，而且，若要用最短的字詞來承載，那個字詞就是一個「祢」字。每一次出現這個「祢」字，就像本來跟世俗的愛情毫無差異的種種描繪，都瞬間聖化。一千行的情書，誰能辨識收信人？但當呼喚了「祢」，就像上帝向著亞當吹氣一樣，變成一千行聖詩。

繫於一個「祢」字的愛，可稱為特別效果的愛。那麼甚麼是愛的一般效果？就是活在人間。讚美耶和華，不應取代「按時候結果子」(詩 1:3)；讚美耶穌，不應取代「遵行我所吩咐的」(約 15:14)。我們欠缺的，是以結果子和遵命作為敬拜讚美的內容。

電影預告片的特點是，大量片斷，之間沒有過渡，而是採切割(cut)連接。片斷僅餘它們的展現，展現的總和窮盡了全部意義，這些展現的成分，可稱為點像(pixels)。點像的意義在於它們的排列，放大一個點像來分析，甚麼也沒有。切割和點像，可作為當下教會展示信仰手法的隱喻。

電影《阿凡達》告訴我們，我們把「真身」藏在安全的地方，瞬間切換，用「分身」（即阿凡達〔Avatar〕）在一個點像世界盡情冒險。分身意識，把實感抹去，起點錯了，怎談人文關懷？當然在奧斯卡只能拿特效獎，不會當上最佳電影。同樣，若不回到真身，卻以點像取代人間，別告訴我耶穌愛你、你愛耶穌。

註 1：見「Pizza Hut Happy Moments 廣告」錄像（2012/4/8 瀏覽）
http://www.youtube.com/watch?v=bx8cRS7dOQs

註 2：見「電訊盈科一直連繫所愛 ONLY PCCW」錄像（2012/4/8 瀏覽）
http://www.youtube.com/watch?v=JLnuGcZ2W4U

註 3：見「日本木瓜溶脂素 2'廣告」錄像（2012/4/8 瀏覽）
http://www.youtube.com/watch?v=h60I5hwafHw

註 4：見「美贊臣 Enfagrow 安兒寶A+奶粉星級配方」錄像（2012/4/8 瀏覽）
http://www.youtube.com/watch?v=K-RxtimZjpQ

註 5：見「藍妹啤酒『森林篇』廣告」錄像（2012/4/8 瀏覽）
http://www.youtube.com/watch?v=fuJpF3EPbtg

註 6：見「Vitor 靚橙教室—石榴篤橙」錄像（2012/4/8 瀏覽）

http://www.youtube.com/watch?v=eAy9FfxBoq4

註 7：指影音使團袁文輝的一段錄像，於 2010/5/10 上載於方舟電影網站，片段已經刪除。

09 降妖，讚美，與妖道串通

……只談正能量的
現代社會，豈不是陰虛燥熱？
這裏還未提及，基督教「以死得生」
的智慧：要得生命者必喪掉生命，
喪掉生命者必得生命……
我們豈不都在唱好生命時，
讓真生命溜走嗎？

鬼故事，與貞子為何好笑

驚嚇消費的操作是：嚇餐飽，所以開心。

最早的驚嚇消費，要數爸爸把孩子抱在手裏，然後假裝要拋出去，或者在空中旋轉；敢擔保，沒有一個孩子不一邊尖叫一邊大笑。

驚嚇消費，把兩樣毫不相干的東西放在一起，就是驚嚇和快樂。為甚麼驚嚇可以成功淨化為快樂？有一道界線是不能突破的，就是那個驚嚇總是假的。

還記得一個母親，她要抱著女兒從樓上跳下去，女兒苦苦哀求：「媽！不要！」真與假的距離好近，分別就在乎是假裝拋出去，還是真的拋出去；但不要因為它們接近，我們就以為可以把它們混為一談，那最少的差距，是兩個世界的分野。

有沒有想像過，巴不得那些在鬼屋玩的青少年，真的碰到惡鬼？又或者，那些玩海盜船的，發現那船壞了，停不了，拋起的遊客由興奮轉為慘叫？但又有沒有留意，這種想像也正正是恐怖電影的橋段；「玩出禍」，總是驚嚇消費的重要元素。管你怎麼貼近出事，只要不是**真的**出事，那就是驚嚇消費，別跟「喜愛黑暗」一談。

為甚麼當日本恐怖電影《午夜凶靈》(1998)裏的貞子，從電視機爬出來的時候，有觀眾卻笑了？這裏帶出驚嚇消費的另一個要求：它不能太假。當你感到「很擠啊，你爬得好辛苦吧？」恐怖片就變成笑片。當我們看見貞子會發笑，那跟看悲情片說：「虛構罷了，有甚麼好哭！」的中年男子，是兩回事。中年男子看悲情片，為了化解催淚，他把看電影的遊戲操作前提否定了：電影當然是虛構的！只是，看著貞子會笑，那是因為道具失靈，驚嚇變成笑話。

恐怖片的邏輯是：一個平平無奇的個體，卻盛裝著恐怖的異物(the Other)。就像與你在同一個鐵路車廂裏的婆婆，她跟普通的婆婆看來沒分別，但現在不是夜半嗎？她怎麼會獨個兒在這裏？——這就是驚嚇基本原理：平平無奇，卻驚覺它盛裝著巨大的異物。這個體，還可以是飛鳥（希治閣 1963 年的電影《鳥》），又或者是小孩（1976 年的《凶兆》〔The Omen〕）。在彭氏兄弟電影《見鬼》（2002）裏，小孩子問姐姐，有沒有見過他的成績表，驚嚇是一條平凡的問題在不對的場合提出，最後小孩以在樓梯跳出去説明它是鬼。小孩子可怕，不在於他有「蠟筆小生」的可怕潛力，而在於我們忽然驚覺：他，不是他。

至於笑片之所以好笑，是恐怖片邏輯的再反轉：平平無奇的個體，扮演著巨大的異物，但就在這時，顯出他的平凡。鐵路車廂見鬼驚魂續篇：但現在不是夜半嗎？她怎麼會獨個兒在這裏？這時候傳來「波兒波兒波兒肚子漲卜卜……」，婆婆掏出手機接聽，卻是男人聲：「海洋公園裏扮鬼嘛！鬼咁辛苦！」邊説邊把假髮脱掉……

貞子的恐怖，在於這身軀盛裝著巨大的怨靈（她，不是她），但當觀眾感到，正在「她」努力扮演怨靈時，「她」的身軀爬得好辛苦，這驚嚇點便瞬間轉變成笑點。由於恐怖和搞笑的這種關係，同樣，我們可以在鬼屋裏對著吸血僵屍大笑，提醒自己這恐怖異物，不過是努力扮演的演員而已。就這樣，驅除恐怖的笑和因驚嚇而興奮的笑，充滿著「哈囉喂」（萬聖節）的鬼屋。

降妖，並與妖串通

廣告說有四百隻嘩鬼恭候，或請準備好要尖叫，訴諸的是「嚇餐飽」的期待。這是驚嚇消費，觀眾不會期望**真的**鬧鬼。有福音機構批評這是「妖惑全城」，還引用申命記32章，那麼，這機構必須先證明嘩鬼消費就是「敬拜別神」、「祭祀鬼魔」，信徒總不能事事自己不喜歡，就胡亂入罪。

有趣的是，這機構痛斥妖孽後，廣告宣傳便搬出一堆消費活動，由烏龜展覽到賊王電影特別版，五十人成團享有額外優惠。換句話說：那些「只以商業利益掛帥」的消費是邪惡的，我提供的消費就神聖的！

當然，牧師們粉墨登場，玩笑一輪，或者來一場快閃舞，傳揚關愛，這是不錯的消費點子，總意是：別沾上鬼氣就是了。只是，事情並不是這樣單一：不過是被真的嚇壞而打壓驚嚇消費（所以抗衡萬聖節的信息不過是「不用怕！」，潛台詞是：「我其實好怕鬼」），這樣，較溫和的驚嚇消費，還是從後門跑進來——不，是堂而皇之在「見證」之名掩護下進場，那就是：趕鬼見證。

當我們聽「趕鬼見證」時，我們說服自己那不過是述說耶穌得勝魔鬼。只是，撫心自問，當中最吸引人的點子是耶穌現身，還是惡

鬼現形？還記得梁燕城博士也聲稱趕過鬼，在公開講座裏，他不是想告訴觀眾那隻打不碎的鏡子，上面附著的惡鬼，樣子是如何猙獰嗎？他欲言又止，引得觀眾多癡迷。這跟報道強暴罪行，總是仔細描繪犯案過程一樣，情色幻想不正是閱讀的樂趣所在嗎？

説到這裏，大家大概明白「驅魔人」和怪談節目的暗地串通：趕鬼故事引人入勝，正因為它**就是**鬼故事。

正能量，與異端宇宙觀

現代社會有一項常識，就是「正」是好的，「負」是不好的。我們學會吸收「正能量」(當基督徒歌手説這話時，有否誤會他/她在賣紫水晶？)，我們又要學習積極思維，連基督教媒體也標榜是宣揚「正面信息」。這種基督教價值和正面價值的等號非同小可；如今，當一個節目宣傳正面價值時，大家不是都在懷疑是否基督教傳媒購買了節目時段？又或者，是否好意的基督徒編劇在暗中「成功滲透」?

「正」是好的，有甚麼好質疑？有沒有記憶，我們曾經相信，「正」和「負」都是好的，貴乎「平衡」?這不過是道家的傳統智慧：陰陽平衡；它也構成了中醫學基本原理，講究調理。那麼，只談正能量的現代社會，豈不是陰虛燥熱？這裏還未提及，基督教「以死得生」的智慧：要得生命者必喪掉生命，喪掉生命者必得生命（太10:39，16:25）。若以這一點審視我們的心靈偏食症，事情更糟，我們豈不都在唱好生命時，讓真生命溜走嗎？

不妨想想，被壓下去的「負能量」或「消極」是甚麼？那是世界，是**物質世界**。大家有沒有曾經想過，這物質世界是一場惡作劇？承受著必死的身軀，這不是對高貴靈魂最赤裸的侮辱嗎？這身軀必朽必敗，還要承受世間的虛謊和橫逆。會不會造物者惡毒，鍾愛弄人？會不會真正的解脱，是回歸精神，擺脱卑污塵世？——這整個構想，古老的名字叫靈智派（又叫諾斯替主義〔Gnosticism〕）。

第二世紀，受教於靈智派導師塞爾多（Cerdo）的馬吉安（Marcion，85~160），其派別是敍利亞境內的主流，佔用了「基督教」一名。而困擾奧古斯丁的摩尼教（Manichaeism），是靈智派在三世紀的重大支流，大家唸教會史一定碰過這些名字。

敬拜讚美，與靈智基督教

初代教會，靈智派稱霸基督教，代表正信的「尼西亞基督教」（即以 325 年《尼西亞信經》為認信的教會羣體）只是少數。同樣，當下我們其實見證著靈智派的復興，它也深入教會等同了基督教價值。

把「正—邪」與「正—負」塌陷，在宇宙觀層次取消物質世界，否定它本質的善；這個「本質的善」，是從上帝「從無創造」發展而來。那是早期教父的共識，再由奧古斯丁擴充，發展出「離了上帝我是無有」的講法，以此擺脱摩尼教，重新肯定「造物者是善」，並肯定塵世就是洪恩。（詳見第 5 章討論）

當代敬拜讚美運動，為甚麼只談讚美？他們從詩篇和別的舊約篇章翻出樂器和舞蹈，這是值得肯定的；只是，為甚麼主題只有讚美？詩篇和先知書遍滿了哀歌，包括對上帝的伸冤、埋怨和呼求，為甚麼我們只有快樂的讚美？為甚麼敬拜想像只有聖光和靈火？這跟摩尼教崇尚的「光明」要怎樣區別？那比造物之神更高的，是光明之神，摩尼教如此説。

會不會，當教會嚴斥新紀元邪術時，更核心的信念，那採取了靈智派宇宙觀的，早已重掌基督教，偽裝為基督精神和基督教價值？

話説回來，黑暗和光明，都不過是消費，或是迪士尼黑色世界、或是紫水晶正能量。它們都在全球資本主義世界，找到自己的市場和客戶。教會的文化戰也相差無幾：一方面咒詛人家的消費，另一方面，就關上門製造自己的消費市場。而教會無法好好檢討自己怕鬼的深層理由，會不會就是因為，教會只有「正面信息」，遺忘了生命和死亡的辯證；而教會怕鬼，只因我們都怕死。

10 官話，和兩種更廢的廢話

我們有一個錯覺，
以為官僚是糟糕的，以市場
競爭為原則的企業，就比官僚優勝。
事實是，競爭文化造成的現象，
跟官僚文化原來一樣，而且，
它更虛偽。

官僚，在廢話和官威之間

做官很多時候要講廢話，這種話有一個名字，叫「官話」（打官腔）。官不說廢話，問題很快就來。

2010 年 6 月，香港中文大學擺放新民主女神像事件，校方以違反「政治中立」原則拒絕申請，公共嘩然。候任校長沈祖堯後來表態，指那是「校方經驗不足，並且低估所發出聲明的威力」。同一天深夜，他急急發出第二篇聲明，說他一直知悉拒放決定，寫道，「我絕對知悉，並同意當中的立場，當日我只是就聲明中的措詞提出意見」。

官話令人氣結，大部分人都領教過。不只在電視聽高官說，還有政府大樓的掛號窗。大機構(包括大教會)接待處和 CEO 的祕書，口吻一樣官腔。鍾祖康就出過一本書，叫《高官廢話公式寶鑑——探討香港社會超穩定的語言學基礎》(2002)，裏面開列了高官五十七招廢話公式，好化氣結為研究力量。

甚麼是官話？官話，不是說自己，是說比自己大的東西，那東西名字是：律法。官話，是展示律法，展示律法的無誤性(infallibility)。所以，官話最簡單的形式，是叫你參考法規某章某節，這裏律法是操作手冊：不是「我」說話，是「操作手冊」說話。你再問，他也是重複一遍剛才的話。所以，當一個官說話，永遠都是重複著至高政策，市民稱他是「人肉錄音機」。

小員工說出操作手冊，高官呢，說的是機關的體面和威望。重看九七年十月股災新聞，港股急瀉 13.7%，董特首還淡淡的說，那不過是「外圍」影響，我們經濟很好。市民的驚恐好像不存在一樣。跟官話對立的話叫「人話」，是因為官話像耶和華立定在天。

官說廢話，非因他有權威，而是因為他無法行使權威。只有獨裁的法國國王路易十四，才可以說：「我就是國」。就是「官」跟「我」不能重疊，「我」無權創造新語言，便以廢話完事。

不能「就是」官，我就只好「裝」官，說出來的就是官話。真正的官威，是當官講一句平常話，你卻要在裏面玩味有甚麼政治信息。沒官威引經據典是廢話（或者唱《獅子山下》），有權威的，吟詩作對，傳媒當作燈謎來猜。

當發展局局長林鄭月娥反擊長實「鬼拍後尾枕」，公共議論紛紛，還問官商勾結是虛是實。那是她**真正**説官話的時候。同樣，當沈祖堯表態，那不是他糊塗亂説話，而是他確知自己是校長，而且要作為校長説話，這一刻，他説出官威。

競爭文化，與暗中的善的消除

不是人人都可以發官威，因此，有官選擇暗中施恩惠，同時又叫你不要張揚。這種情況，有「官權」，沒「官威」，不過，恩惠還是來自實權。給予這種恩惠，説話也得故意壓低聲調，好像這樣做，他就可以掩人耳目。其實，那是要告訴你，他用「真身」跟你説話。拒絕扮演官職，其實也是扮演，扮的是「我擺脱了官職」。他偽裝偷去別人的官權，好掩飾「他正在實施自己的官權」這個事實。

讓我們回到那個查詢數遍，還是叫你自己看法規的情況。這個情況如今不只在政府大樓掛號窗碰到，還會在電話裏碰到。撥打客戶查詢熱線，你總是在「xxx 按 1 字」、「yyy 按 2 字」的指示裏迷路，然後返回原位。還有那些電話促銷，是否跟查詢氣溫的合成錄音差不多？（反而有些促銷用錄音的，話說得更流利）同樣，便利店員工，總是問你要不要加五塊錢買一盒口香糖，然後叫你留意八達通餘額；快餐店裏的嬸嬸，總能在拖地的時候，就是你背著她，也會呼出一句：「歡迎光臨！」

我們有一個錯覺，以為官僚是糟糕的，以市場競爭為原則的企業，就比官僚優勝。事實是，競爭文化造成的現象，跟官僚文化原來一樣，而且，它更虛偽。

官僚很坦白的說：我關心法則比你更多。而競爭文化，它偽裝「以客為先」，它關心盈利比你更多，**同時**，否認這個事實。

鬧得滿城風雨的「發水樓」，表表者是長實樓盤「日出康城」。還記得那個樓盤廣告嗎？一羣小孩跑向一大片綠油油的草地，遠方有一隻像是吹氣的 CG 長頸鹿。（註 1）如今我們知道，除了綠油油的草地，還有臭氣飄送，雖然李嘉誠說那片草地令人「心曠神怡」。一期的「首都」，除了臭氣，還連露台和結構柱發售，「發水」面積達 29%。果然是一隻吹氣長頸鹿。

競爭文化的可怕，在於它在害你的時候，還要偽裝是關懷備至。那向婆婆銷售「雷曼」債券和保險儲蓄的，正是鄰家女孩般的大堂服務女生。而偽裝的表表者，必數層壓式推銷，它應用到保險業和非財務產品的銷售。如今，我要騙你買一件你不需要的產品，必須同時騙你説：我多關心你。

那在官僚文化裏，還可把聲調壓低來給你恩惠的空間，在競爭企業裏被全面消除。因為如今要偽裝的，正是我對你多好。

當教會搞「小組化」，便承繼了層壓式推銷的偽裝：組長是典型的「顧客至上」傳銷員，他聲稱宗旨是「關心」，終究是要「跑數」（做大）。本來自由表達關心的空間被消除；打多少個電話，每月約見多少組員，成為衡量盡責的指標（只欠正式填報）。一天，組長調到別組，他的熱情轉投「新盤」，「舊客」忽然嚴如陌路人。

資訊，魚生拼盤的蘿蔔絲

官話（官僚廢話）的特點是：講了等於沒講。也就是説，它沒有新資訊。競爭文化呢？它要販賣的正是新資訊。如此，我們再不能區分知識和雜訊。

如果説，泛濫的感人電郵、手機短信提示和電話促銷，是雜訊（spam），那麼，免費報便是典型的知識與雜訊混和。如今，雜訊把自己偽裝為知識。為甚麼要揀《頭條日報》，而不拿《都市日報》? 因為它厚一倍，只是，它的資訊並沒有倍增，增加的只是廣告，那些廣告還像蚯蚓一樣，在新聞內文中間挖洞。

大家都吃過魚生吧？在日本餐廳叫一客魚生拼盤，有時候會用一條木船盛載，還加送海草和蘿蔔絲。為甚麼收費電視要做百多個頻道？那是要製造「選擇多」的假象。其實，真正的賣點可能只是某個足球賽事，或是某套偶像劇集。其他的頻道就像海草和蘿蔔絲，不能説它們不能吃，但它們顯然是托盤。

基督教機構搞傳媒，又要用一樣的打法，製造大量海草和蘿蔔絲，其實主菜只有一兩道。這是跟隨著相同的資訊偽裝策略，把雜訊偽裝為知識，甚至告訴你我有幾強盛。

獨沽一味，如何偽裝真理

這裏不可不提第三種廢話。第一種是官説的，第二種是顧客至上的服務員説的，第三種，是單一貨品(獨沽一味)的企業家説的。

賣化妝品的，總告訴你靚是由心生。賣減肥藥的，就説健康還需配合均衡飲食。而販賣娛樂的歌唱比賽，總跟你大談音樂造詣，這些標準，大部分已出道的歌手都不能滿足。保險業招聘會，滿口創業自由，但哪有「創業」會限制貨品採購？傳銷把自己偽裝為品格（創業、幫人），官把自己偽裝為無誤律法；獨沽一味的，先把一個全部 A（例如健康、美容）等同自己（x），數式即：A≡x（把 A 強制為 x）。但事實上，A 不只涵蓋 x，還有 y, z,……販賣 x 的便「出口術」補救，大談 y, z……好掩飾一個事實：他只會繼續販賣 x。

有介紹敬拜讚美的網台節目，大談敬拜讚美的標準定義，同時又提醒聽眾，其實「敬拜」不只是台上，也包括台下的日常生活。「敬拜」被等同於某種音樂產品（x），這產品又霸佔「敬拜」（A）的名字，好霸取「敬拜」**作為真理**的崇高性。然後，這從業員又「出口術」，告訴你「更重要的」是生活敬拜（y, z,……），好掩飾一項事實：其實他的產品一直都只是台上的敬拜（x）。

同樣，某影音機構把自己的事工都加上「方舟」一詞，鳩佔真理的詞，同時又「出口術」，在大搞娛樂事業之餘，又大談「更重要的」，是「木匠的心」，好掩飾一項事實：他們販賣的從來就只是娛樂事業。

在心理輔導圈子，玩這把戲的傳統更長，總是一邊推銷某個「法則」（例如「九型人格」，或更早的「四氣質」理論），一邊又告訴你：「不可盡信，人不能被類型所囿。」其實，「出口術」大談的更重要，正正就是 A≡x 所要抹消的；如此，便好像好關心這個「更重要的」，好把它**繼續**抹消。

第三種廢話，不像免費報，也不像官僚，它膽子最大；它要偽裝的不是無誤律法，不是知識品格，而是本屬上帝的真理。

註 1：見「LOHAS PARK TVC」錄像，廣告口號是「身在城內，感覺世外」（2012/4/9 瀏覽）

www.youtube.com/watch?v=2jvB2yYdDDo

11 福音緊急狀態

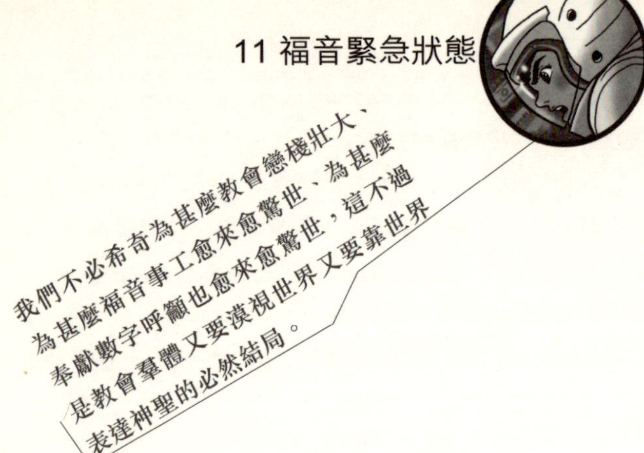

電車男／情婦／神帶領

電視重播了電影版的《電車男》(2005)。一個宅男要追女生，而且是追一個夢中情人。結果？結果他追到！當女主角「愛瑪仕」吻上電車男的時候，大家感覺怎樣？那是幸福！甚麼是幸福？幸福就是説，一件大家都同意是好的事情，我遇上了。偶發性遇上永恆，這就是幸福。

《電車男》怎看都是童話。甚麼是童話？童話不是指幻想。在幻想的世界天馬行空，《火影忍者》和《鋼之鍊金術師 FA》都做到，但大家不覺得嗎？它們雖是動畫，但都很現實！相反，《電車男》是真人演的，卻很童話。童話，不是指夢想成真，而是即使夢想成真，我們都知道那是假的。童話裏的夢很真，説出心聲，但它的「現實」太假。

另一套配稱為童話的，是電影《風月俏佳人》(Pretty Woman, 1990)。茱莉亞羅拔絲遇上李察基爾，性工作者**在工作裏**找到真愛。如果電影推崇的，不過是性工作者在工作裏找到歡愉，那是情色片，例如《色戒》(2007)。性工作者把自己的工作忘記得一乾二淨，就是《風月俏佳人》最像童話的地方。為甚麼《色戒》跟童話沾不上半點關係？因為湯唯一角，由始至終都好記得自己不過是：情婦。

情婦總愛探問你太太的情況，因為情婦永遠知道自己之所以是情婦，是還有一個叫「太太」的女人。管你把情婦叫甚麼，「甜心」或「蜜糖」，甚至「老婆」，她就不是老婆！男女同事，上過牀沒上過牀，分別不在於「少了」(少了貞操)，而是「多了」，多了一個不能抹消的最少差異(小寫的 x，沒實體的)。做過愛，就是一個最少的 x，上班再見，大家都知「有些東西變了」。這個 x 不在事物裏，但萬萬別以為它只是心理作用。貞潔邏輯的「貞潔」，則是可指認、亦可破之物，一個大寫的 X(有實體的)。貞潔被確認，被防守，因而也是可被攻破的，它異常脆弱，正因為它太明確。

當我們説，我們「面對自己的罪」，其實，不是先有一個「罪」在

那裏，然後我們去「認」它。是在我們「面對」的時候，那裏才有「罪」。「罪」不是事物的本質（罪不是實質的，而是缺掉了實質的狀況），但它也不是個人幻想。舉例說，有人講得救見證，說自己從前沉迷打機，信主了，從打機得自由。那麼，打機是罪嗎？有人答「不是」。但這樣的話，見證的意義被取消了，我們再無法分享見證者所要見證的。只是，答「是」的人會屬靈一點嗎？也不會。若是這樣，「打機是罪」便成了一項迫令，不打機就不能成為釋放，而是守法罷了。「打機是罪」總是在「我是罪人」裏被決志的，「我」終於知道，從前打機如何沉迷，如今不再如此了！「打機是罪」是「悔改，得自由」的效果，而不是對迫令的確認。

2010 年，專談職場的史蒂文斯（Paul Stevens）來港談「神的旨意」，斬釘截鐵說：「沒有這回事！」一般反對尋求神旨意的信徒們，都會指著聖經說，神的指引都在裏面（可指認/可抹除的 X）！這裏剛好錯過了「尋求神旨意」的全部經驗！「尋求神旨意」，不是指向東走或向西走（實體的 X），而是「祂在帶領我」這信念的主體建構（作為最少差異的 x）。重點不是在世界裏的那個「旨意」，而是這旨意帶領的「我」，而這個「我」跟「祂在帶領我」不可分開，「我」離了「祂」便一無所有！也就是說，「我」就是「祂在帶領」所生產的，在那一刻之前，「我」並未冒現，只是平庸世界裏的無差異存在。

這個「神帶領」，不在東行線、也不在西行線。而且，它從來不只是「假設」，而是作為「很真確！」來經驗，是一個真實效果（real effect）。那麼，它會不會只是幻想？「神旨意」是一個臨時操作，它的作用是為把生活變成「我的生活」，而且「為了神」而生活。它的重點不是內容是否真確，而是能夠讓我們的生活成為「我的生活」。這個臨時操作之所以臨時，是因為它是可錯的，它會在日後不斷被修訂；只是，即使如此，它的根基是一個「祂在帶領我」的基督信仰，若說它是幻想，除非我們認為：整個信仰就是一場幻想！

告急／宣告／至高

教會高舉福音作為最高價值，只是，我們很少去問：你說福音，那你指甚麼？

不妨從反面先談。福音不是甚麼？

首先，福音不是教義。若果福音是教義，福音便關心對錯，只是，有沒有留意，福音是眾多事工中最沒有所謂的事工？無論用甚麼方法，總要得些人，無論怎樣，基督究竟被傳開了！阿們！——那麼，福音是指特定命題嗎？又不是。福音要有內容，但這內容其實彈性很大的，一隻印有聖經金句的水杯是「福音」，一場演唱會棟篤笑又是「福音」，也別忘記鄭秀文的「福音」歌啊！那麼，福音是信仰核心嗎？又不是！請問大家甚麼時候聽到福音？除非你再找朋友去佈道會，才能「重溫福音」對不對？你為退修會請來講員解決教會問題，他竟然傳福音，以後你不請他吧？

福音不是教義，不是命題，也不是核心價值。那麼，福音是甚麼？我要提出的是：福音，是呼籲緊急狀態。福音，就是生活展現為「告急」。

緊急狀態，它具有凌駕性。它插隊，把原來的議程擱置；它擱置常態，包括常規生活賴以操作的知識和價值。緊急狀態，就是宣告一切不適用(N/A)，宣告文化擱置。讓我回到《電車男》，我剛才說，《電車男》是童話，童話是在現實被遺忘的情況下夢想成真。那麼甚麼是福音緊急狀態，它不是童話，它真的把夢想成真，這現實確是現實啊，不過，它的法規已被擱置(就像戒嚴下的城市街頭)。

福音派以「呼召」為特色，而靈恩派，特色是「宣告」。福音派說：「主必快來！」，別以為它真的關心基督「將臨」，非也；它關心的不是將臨，而是將逝，它的焦慮不是「快要被提」，而是怕自己**沒有**被提，快沒機會補救；它關心的不是「福音遍傳」，而是怕無份於福音遍傳。福音派關心將逝，「告急」激發的是錯失的焦慮。

那靈恩派呢？靈恩派說：「祢是王！」，它同樣不關心「將臨」，而是「已得」，我們通過宣告來伸張我已得到的。福音派解決夢想和現實衝突的辦法，是把現實擱置，只談夢；而靈恩派，索性把現實換掉，它談「現實」了，不過自訂一個。

雖然福音派和靈恩派都抹消了現實的合法性（包括它操作的法則、知識和價值），但它們沒有否定世界的真實性，以至它們還是基督教，仍然堅持可見世界不是執迷心思的幻象。只是，它們既然對世界的學問、積善、文化建樹不感興趣，它們還要在裏面找甚麼？答案是：至高（sovereignty）。它們還需要物質世界去宣告它已擁有至高！借用一個中世紀哲學的命題：「現實」超越「可能性」的，正正就在於它把自己實現了！事情「成真」，就是王。就在這一點上，教會羣體準備好了接受全球資本主義的邏輯：如果「成真」就是權能，那麼，發達，不正是權能的最佳實踐嗎？資本，不就是當代的「至高」嗎？

我們不必希奇為甚麼教會戀棧壯大、為甚麼福音事工愈來愈驚世、為甚麼奉獻數字呼籲也愈來愈驚世，這不過是教會羣體又要漠視世界又要靠世界表達神聖的**必然結局**。

愛瑪仕之吻

電車男得到了幸福。只是，今日教會遺忘幸福，轉而追求另一種恩典：走運。

若果幸福，是指偶發性遇上永恆，走運，則是偶發性流逝時間的異常高漲；巴閉要緊，那管只有一刻。走運，跟「神跟我説話」和「神帶領我」一樣，是一種肯定上帝跟這微不足道的「我」有直接關係的手段。當新教放棄了信仰的代理人（由馬利亞到諸聖），信仰羣體便倚賴了「自傳」，它不太關心德行和功績（《四個屬靈的原則》不是告訴我們：知識、善行、教育於救贖都是無用的嗎？），而是關心「人生的起跌」。沒有聖禮，一起一跌這塵世的節奏，便成了神聖的記號。用東歐哲學家齊澤克（Slavoj Žižek, 1949~）的話説，天主教通過聖禮這一個平面接觸神聖，新教沒有這個平面，它便要求以整個人生來承受神聖。

怎樣逃避福音派和靈恩派那戀棧權力的怪圈？有甚麼東西有著同樣的神聖高度，可以終結這個緊急狀態？

沒有的，因為緊急狀態不是別的，而是「彌賽亞時間」的偽裝。當耶穌來臨，他宣告的「天國近了」，就是彌賽亞的顯現，那啟動了一個全新的時間，就是彌賽亞時間。彌賽亞時間就是緊急狀態，它把律法懸置了，律法變為無效。但律法是怎樣變成無效？是通過「成全律法」，是把它圓滿，在它裏面發生內爆（implosion）。同時，門徒的呼召也是要把日常生活圓滿，與世人無異的生活，以此生產神聖，一個作為最少差異（沒有實體的 x）的神聖。

今天的「福音緊急狀態」，是掏空了彌賽亞的彌賽亞時間，它懸置了一切，為了發達，它展示至高，但那是資本的至高。換句話說，那已經走向敵基督的操作：有著基督的模樣，卻掏空了「耶穌作為基督」要帶來的拯救、釋放和贖回。回到基督的救贖吧，回到一個有拯救實質的福音。

愛瑪仕吻上的幸福感，跟起初追女成功的走運感不同了。那一吻，就像聖靈降臨；電車男張手擁抱，就像接受聖靈澆灌一樣。世界需要的，也不過是真真正正的救贖。

12 讓我們奮勇在佈道終結之後

會不會，我們的操作前提，
不好假設對方偽裝聽不到，反而，
要向他們佈道？佈道，或傳道，不正是要叫
「瞎眼的得看見」(路 4:18)嗎？這個「瞎眼」
不是生理上的缺陷，不是自欺；「得看見」，
不正是悔罪主體的誕生嗎？

佈道的終結

有沒有聽過「遠東廣播」的見證？

就在 1949 年，中國大陸赤化，福音的門關上。只是，極權政治阻擋不了大氣電波，就在同年 7 月 29 日，「遠東廣播」的良友電台，開始短波廣播，對準大陸，默默耕耘，也不知道有誰在聽。直到改革開放，聽眾來信排山倒海，拆開，是一個又一個的感人故事，有人無意中接收到他們的節目，久旱遇甘霖，有人躲在被窩裏，冒險收聽節目，點滴甘甜。

這個見證，在「遠東廣播」的事工史裏，是不能取代的一幕。如今，「遠東廣播」已有三十四個電台，用 150 多種語言廣播；但那一個歷史契機永不能重複，它的光芒漸漸消散。這個放射光芒的原點，我們可稱它做奇異點（singularity）。

另一個故事是十九世紀末的「劍橋七傑」，講的是七位英倫年青才俊，毅然決定前往中國宣教，加入戴德生（Hudson Taylor, 1832~1905）的內地會行列。戴德生早在 1854 年踏足上海，並於 1865 年成立中國內地會。「七傑」裏的施達德（Charles Studd, 1860~1931），是當年風靡校園的板球手（板球是當時熱潮，那有如今天 NBA 的林書豪）。1885 年 2 月 5 日，「七傑」起行，六星期後踏足上海。1886 年，美國成立「學生志願運動」，在歷史契機配合下，推動了學生宣教熱潮。

再一次，學生宣教運動之始，是一個奇異點，是七位劍橋才俊的故事。不論戴德生還是施達德，他們都屬於相同的福音派/基要派圈子，分享著同一份福音熱情。戴德生所受的影響，來自英國的普利茅斯弟兄會（Plymouth Brethren）的宣教工作，而施達德，是在慕迪（Dwight L. Moody, 1837~1899）的佈道工作中信主的。佈道運動的光芒，就是奇異點的生產，而奇異點，就是作為「不可能的發生」。

再舉一個例子。就在 1739 年，約翰衛斯理（John Wesley,

1703~1791）應好友懷特菲（George Whitefield, 1714~1770）的邀請，開始了露天講道。以這個簡單的方式，他們接觸到不上教堂的人，但亦因這個方式（他們也容許未受按立的人講道），他們威脅到聖公會牧區的權威。不可能的發生，往往干犯原來的界線。

就像一顆墜落的隕石，它在大氣燃燒，造成強大的光芒，但同時，它也碎開，最終銷盡。當我們把單一事件看成許多不同的事情，講道、佈道、復興、宣教、祈禱、敬拜……這些不同的事情會繼續自我分割，直到細小的碎塊間彼此看不到任何關係。奇異點還在生產意義時，人們不會著眼對碎片進行研究，而是被奇異點的耀眼吸引。不斷的分化，說明奇異點早已銷盡。

當差傳學裏提出「10/40 之窗」（註 1），具衝擊力的宣教，已經變成「概念藝術」（concept art）。那幅世界地圖，已是我們最後可以看見的「不可能」，並在此殷切禱告。「簡單的力量」已經失去，取而代之的是日新月異的經營模型（business model）。不論是本地跨文化宣教、帶職宣教，或是創啟事工，若沒唸過差傳學，便難以看見差傳在發生。這就像概念藝術取代繪畫藝術，我們再不能單單從畫面去認識它的信息，它和它的說明已經不可分割。你若不說，我真的不知道你在付代價，就像若沒看過《無間道》，怎看劉德華都不過是警察……

今天，當「短宣中心」（註 2）的同學走到街上，她不過像那些叫人填問卷的促銷員，怎看她都跟一個促銷員無異，除了她否認自己是促銷（對，促銷者總是否認自己在促銷的）。若保羅進城宣揚耶穌的福音，但那裏早已充滿了寬頻、手機和瘦身的福音使者，保羅會在旁開攤檔嗎？

佈道的論述方式，是說有一個「福音空白」，然後呼喚大家去填充它。大概，我們可以這樣定義佈道運動，就是把空白填上福音。這個空白，可以是不毛之地一樣需要耶穌（例如非洲宣教），或同胞的苦難（例如福音救國），又或者「未得之民」的民族學想像。本土佈道而言，我們有「遍傳 XX」（同文化宣教），或善用異國情調（把福音帶給本地穆斯林），又或者說，讓我們填滿三十間戲院吧！讓福音的果子填滿紅館吧！

只是，如今我們是訂購福音，預先知道產品再去購買。某某《Love is……》Concert，首次舉辦，五百個座位全滿，2010 年 4 月加開兩場，門券加價 25%還是一樣賣過滿堂紅——這是市場。真真正正的「福音空白」消失了，那麼佈道還在嗎？

會不會，我們可以說：佈道運動已經閉上，那由 1739 年展延的能量，已經銷盡。餘下的，是紀念品展銷。

幻想魔鬼

2010 年 4 月 10 日，波蘭總統和他的夫人乘坐的專機，在俄羅斯境內墜毀，機上 96 人全部罹難，當時他們正要前往俄羅斯出席卡廷慘案七十週年的紀念活動。事件發生後，許多人馬上想到的是：會不會不是意外？

不妨想想，事情是陰謀論荒謬些，還是純粹意外荒謬些？會不會，是惡魔所為還好過一點？

先談惡人碰上的事故，那大概是上帝的陰謀吧？在電影《慕尼黑》（Munich, 2005）裏，以色列特工笨手笨腳才開槍把抱著一袋麵包的恐怖分子轟斃。那不就是上帝在嘲笑殺人者的平庸嗎？事故（沒順利開槍），曲線地把善惡重新肯定。

同樣，高安兄弟的電影《二百萬奪命奇案》（No Country for Old Men, 2007），末了也發生事故：冷血殺人犯 Chigurh 撞車，手臂斷骨外露。這一刻，像不像報應？——然而，沒有。他沒掛掉，還問兩個少年人買了衣服做綁帶。僅此而已！這已教觀眾目瞪口呆：就是純粹一宗意外嗎？

早前，一名少女不小心駕駛，導致兩名少女死亡，法官判被告入獄十個月，受害者家屬批評刑罰太輕，又指她並沒有親自向家屬道歉。被告親友求情時説，她平日不會開快車的。換句話説，親友要力證被告不是惡魔，受害者家屬則尋找惡魔的痕迹。只是，在一些被告被重判的案例裏，我們會聽見家屬説：「人都死了，甚麼都不能補償。」沒錯，人死不能補償，因此，「欠我公道」不過是要曲線製造意義，若真的沒有惡魔（或因重判而消滅），反而更令人沮喪。

同樣，近年來基督教牧師屢屢失言，由播道會恩福堂蘇穎智牧師點名請會眾為某些候選人祈禱（註 3），到播道會港福堂吳宗文牧師叫人在「五區補選」時投白票（註 4），均被主流傳媒報導。反對者情願認為，那是「官商教勾結」，也不願想像：或者蘇牧真的相信梁美芬是神的用人，或者吳牧真的讀經領受不要戾氣……

有趣的是，當一羣反對者集結港福堂門外，港福堂的會友在默禱，吳牧剛講完「為義受逼迫的人有福了！」這是示威者不願看到的錯置：我們要反對的「霸權」，默默為著正在承受的逼迫禱告。

除了幻想「霸權」的偽裝，不如想像另一個情況：沒有政治串通、沒有陰謀，每個人都忠於信仰地傷害別人？會不會，這是比「官商教勾結」更荒謬？

回到起點

為甚麼「霸權」會默默禱告？那是更高的偽善？那是自欺？當筆者指出，今天中產家庭的困境是「我睇我唔到」（見第1章），那也不等於把他們「定罪」為自欺。除了幻想他們自欺欺人，不妨想像一下：假如，他們真的「我睇我唔到」？

2010年1月，中國神學研究院院長余達心牧師撰文讚揚「八十後」，但卻嫌他們說話不清不楚，然後，資深文化人「馬老闆」馬國明亦以「老鬼」自稱，撰下長文，要是余老聽不清，馬老就想：「讓我說過你明白吧！」結果，余老只說：「請用道理和尊重來說服我！」——換句話說，他**真的**聽不見。

會不會，我們的操作前提，不好假設對方偽裝聽不到，反而，要向他們**佈道**？佈道，或傳道，不正是要叫「瞎眼的得看見」（路4:18）嗎？這個「瞎眼」不是生理上的缺陷，不是自欺；「得看見」，不正是悔罪主體的誕生嗎？舉例，支持罷買皮草的影星，不是也曾有不明罷買為何的時候嗎？知識（明白罷買理由）不正是跟悔改（「從前我買皮草實在很錯！」）一同冒現嗎？會不會有一種知識，涉及到「我」的決斷，而且，必須伴隨著「我錯了」來產生？佈道，並不停在宣布「瞎眼」，而是宣布「悔改」，並且正正就是呼召那「瞎眼的」悔改，而不是別人。佈道不關心知/不知，關心的是悔改，悔改你就知了。

説回福音變成買賣的理由。那是因為，當奇異點碎開，成為極細小的碎片，擁有碎片的人，他/她的任務只能是保存碎片。新的福音機構異象愈來愈小，單一事工不斷重複——結果？就是福音變成買賣。資本生產重複，重複生產資本。你年年貞潔立約，我年年説不怕鬼，她説學戀愛有A至Z班，他説帶敬拜有初中高班。自成一角，各不相干。

「八十後」陳景輝在給曾俊華的公開信(《香港家書》，2010)裏提到：「新城市廣場就是我們這兩代的分水嶺。」他又寫道：「我們記住的是比我們年長很多的一代。」

隔代相傳，就是典型的充權策略。一代的苦由上一代造成，但我會往上追多一代，或幾代，在那裏學習智慧。1738年，約翰衛斯理受教於馬丁路德的羅馬書註釋(而不是聖公會)，而馬丁路德，就飲於奧古斯丁(而不是阿奎那)。我們總要回到一個地方，有故事來回憶，有勸勉來聆聽，那總是一個特殊的個體。為甚麼要回歸「基督精神」的朋友們，總是説不清要回歸甚麼？因為，「精神」總是屬於一個時代的，我們尚待確定，那是哪時候的精神，是蘇恩佩的嗎？還是，那是潘霍華的呢？我們也可以回歸保羅，或者拿撒勒人耶穌，總意是：來，給我好好説一個故事。

註 1：1990 年由布殊（Luis Bush）提出，指北緯 10 度至 40 度之間，從西非伸展到亞洲一帶的「抗拒福音地帶」，是二千年福音遍傳的焦點所在。布殊早年在營商顧問公司工作，並曾為「公元二千」福音運動的董事。

註 2：即「香港基督徒短期宣教訓練中心」，成立於 1988 年，由具福音派／基要派背景的本土教會（平安福音堂）的佈道工作分拆而成。特色是學員奉獻一年或兩年，作直接佈道工作，包括街頭談道。網址：www.hkstm.org.hk。

註 3：指的是 2008 年 8 月立法會選舉在即，蘇穎智牧師在其教會一次主日講道裏，公開呼籲會眾善用手上選票作為「王牌」，選出「敬畏神」、「聖靈充滿」的基督徒做議員，並稱讚參選的一位姊妹是「有guts」的模範基督徒，不言而喻，那當然是指當時的九龍西選區候選人梁美芬。事件在《左右大局》節目中被討論，又被《明報》報道。

註 4：2010 年 3 月，吳宗文牧師在一篇〈為香港求平安〉的特稿中指：「假如五區補選有競爭對手的話，讓我們以所投的一票將所有暴戾驅逐出立法會，或以極多的空票來展示我們的不滿！」此文觸發同年 4 月某主日，「反對宗教護蔭權貴運動」在港福堂門外示威。該文見於《國度復興報》，乃轉載自同年 2 月香港華人基督教聯會「為香港求平安」祈禱會的一篇信息。網址（2012/4/9 瀏覽）：http://www.krt.com.hk/modules/news/article.php?storyid=6643。

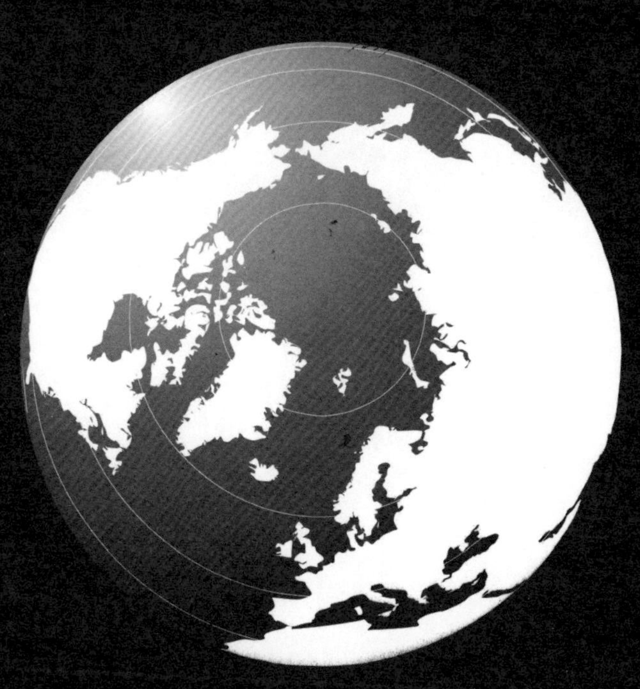

世界異想

13 遺憾，不再悔改

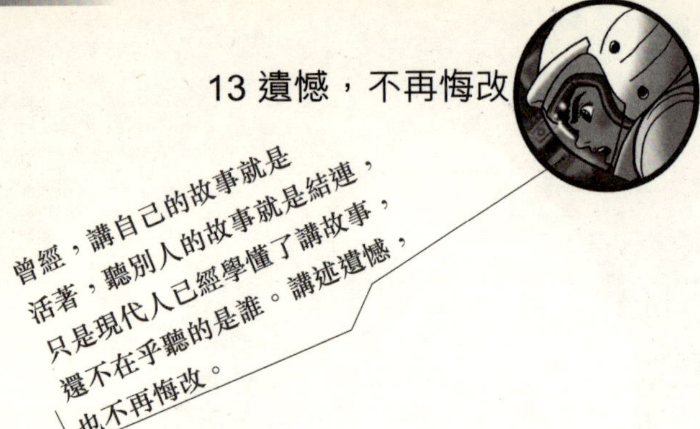

跟人性的本真最接近的，是遺憾和悔改。如今，遺憾取代了悔改。

當初奧古斯丁寫的《懺悔錄》(*Confessions*, 397~398)，那裏要講的是懺悔，是他頭三十年人生的悔不當初。遙遙相對的是電影《傷城》(Confession of Pain, 2006)，那裏是承認傷痛，面向遺憾。是重見天日還是掉進地獄，在於一種類治療性的「承認」(confess)。

國內作家余華，在他的小說《活著》(2004，上海文藝)裏提到，有一個老人能夠講述自己的一生。相比起許多人過了大半生，只能馬馬虎虎、零星落索的提及自己的往事，好像不是談論自己一樣，這老人卻能憶述前塵，如何敗掉全家，如何嫖如何賭，又如何又打又踢自己那大著肚子的女人。

曾經有一個時候，能夠講自己的故事，還懂講得精采，那就是「一次一次地重度此生」（頁 37），就是活著。

不只能夠講自己的故事是了得的事，能夠聽到人家的心事也是一次難得的時空。我們相信，就在他坦白自己過去的遺憾的時候，他打開了心窗，他特特向他/她「打開心窗」。還有甚麼比「打開心窗」，更是人與人之間值得追求的事情？或是談論自己的童年如何被遺棄，或是談論自己收藏心底的小祕密。這一個真誠時刻（moment of truth），把人與人之間結連起來，或是刎頸之交，或是紅顏知己。

只是，現代人已經學懂了講故事，或說，在講自己故事的時候，我們成為現代人。現代小説，可説是「我」的道成肉身，如此一個有血有肉的「我」在歷史上冒現了。

在現代之前，人唱的是歌謠，所謂經歷，是唱出來的。不是歌謠像我，是我像歌謠，不是歌謠映照我心聲，而是我走在歌謠的路上。《活著》裏那到處收集民謠的「我」，並未看到歌謠跟故事的分別。歌謠讓我藏身，故事把我暴現（expose）。就像摩西所寓居的上帝，歌謠讓我藏身其中，故事卻把我拋到世界、棄置在存在的虛無中。

電影《情獄》(2005)裏就説過，悲劇講的是人與神的關係，在上帝死了以後，再沒有悲劇，只有一個在歷史中的「如此呈現」。悲劇是神學的，但「如此呈現」，或苦或死，甚麼意義也沒有，也談不上天注定。

我們習慣講自己，向著DJ、向著網誌，講自己的感情，拍下每一餐，激一點的寫下自己的一夜情。這一代人講自己的憾事不是為了結連。遺憾是一個「如此呈現」。

我們再沒有甚麼有重量的東西，可以讓我們悔恨錯過。最重的，就是自己的重量，這個重量在離心機中製造了機動遊樂嘉年華，它也在天台跳下著地的一刻感受到。

同樣可能產生離心衝擊的，是當年震撼性的一句話：天國近了，你們應當悔改！

14 Dystopia世代

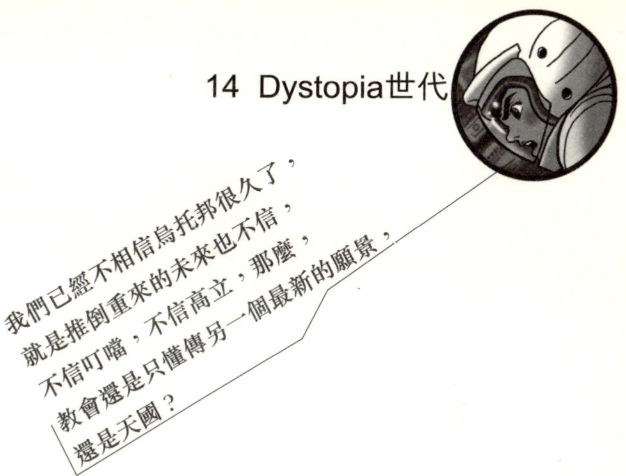

有一件事情發生了很久（久達三十年），但或者我們不會留意，那就是：我們已經不再相信烏托邦了。

曾經，烏托邦是世外桃園，是香格里拉，是失落的文明，還有共產主義實現的社會最後階段。

有一種烏托邦想像，可以叫做「技術烏托邦」（techno-utopia），那可以追溯到十九世紀科幻小説之父凡爾納（Jules Verne, 1828~1905）的冒險小説。科技讓我們跑上月球，探入深海，或者花八十天環遊世界。一個後探險時代的願景。探險，不再是探險家的專利。

叮噹，尤其當它未被強調是量產（並改稱哆啦 A 夢）之前，其實是這種科幻憧憬的童話版。那些令人目眩的百寶，與我們對未來世界的憧憬是融合的。

《叮噹》（誕生於 1969 年）裏未來城市只是偶爾出現，同是 1960 年代的日本動漫《小飛俠》（Astroboy），未來世界是整個故事的世界觀。小時候在圖書館看的日本科普兒童叢書，那裏分享了小飛俠的世界觀：令人著迷的海底城市、沙漠城市，以及太空殖民地，背後是未來世界的應許。未來，就是科技的未來。

畫家筆下的未來城市，總是很乾淨，綠草藍天，不論住所、車廂和公路，都很寬敞。有一天才忽然驚覺，小時候聽說的這個未來，根本，就不會實現。

曾經樓盤廣告，也愛這種未來想像圖。那裏的建築羣總是發亮的，而且還不知哪裏跑來幾條光束，直照穹蒼。那種榮美，就像新聖城耶路撒冷。

如今樓盤廣告也不再憧憬聖城。看不見樓盤的樓盤廣告，說是賣一個夢，其實是不再憧憬。我們根本不打算在現實裏實現甚麼。最新的皇官白馬和金髮美女，賣的不是夢，是霸氣而已，那是澳門賭場廣告的伸延。

當蓋茨（Bill Gates）還在《未來之路》（*The Road Ahead,* 1995）裏力銷另一個數位革命烏托邦，愈來愈多人相信的是技術的「反烏托邦」（dystopia），那個 1980 年代冒起叫做網絡崩客（cyberpunk）的科幻新文體：不夜城、摩天大廈、巨型多媒體廣告，但城市底層卻窮困不堪，駭客是新叛亂分子。它的代表作大家一定懂：Matrix。

1978 年宮崎駿的《高立的未來世界》，別誤會是後末日（post-apocalyptic）反烏托邦的，相反，那裏是對推倒重來的未來的憧憬。

只是，就是再有甚麼納米或拆解稻米基因，今天我們也提不起勁去憧憬未來世界。當中國學會了星戰武器，我們也不會繪一幅小飛俠的未來想像圖。也許技術烏托邦成為香港人的願景，得給日本戰後的流行文化記一功（別忘記還有不斷複製的高達系列），中國的暴發戶文化，對未來憧憬沒有甚麼興趣。

世界停止做夢很久很久了。娛樂大秀、摩天大廈、巨型多媒體廣告，今天竟然輪到教會來發這些夢。

教會，保守的仍舊保守，新進的不少只不過在追逐世界上一個或上幾個浪，說是世界最新的願景，卻根本地脫了節，比保守的更糟。

「天國近了！」這才是基督教的福音，也是給 utopia 和 dystopia 世代的福音。不是烏托邦，是天國。

15 全球消費，地方身分

消費主義不一定是追名牌、
搞揮霍，最近它找到了種種身分；
基男、索女、基督徒，只不過是最新的
消費市場，要對抗它，除非我們還相信
一個普世的福音：不分身分、
人人有分。

單單說，消費很揮霍，不要追名牌，這樣回應消費主義在今天已經不夠。

不追名牌、或是簡樸生活，如今我們看見，那只不過是另一種消費。而且同樣花錢，同樣時尚。

1980 年，無印良品在日本創立。它是作為反品牌運動而誕生，在喧鬧的色彩品牌中另闢簡樸天地。結果社會對它很受落，到了 90 年代蛻變成全球品牌，還掛牌上市。

同樣另類、同樣優質的是 DHC。它本來在大學裏搞翻譯，在 1983 年踏足化妝業，講科研、講天然，標榜沒有逼人的傳銷。今天同樣是全球品牌，在日本還放在便利店促銷。

我們擺脱的，不是消費主義，只是大眾消費。另類消費，其實是更圓熟的消費（者）主義，完美體現「用家至上」精神。

香港對消費主義的批評，最常見是講浪費和環保，還有一種較學術的，是源自法蘭克福學派的「文化工業」批判。這派批評的是大眾文化（mass culture），針對的是齊一化，是欠缺個性，無論可樂芬達或雪碧，其實都是一樣，假的選擇，假的多元。

只是，今天的消費不一定要把名牌貼在臉上，不一定是符號消費，不一定是假選擇。

哲學家巴丟（Alain Badiou, 1937~）告訴我們，資本主義找到一個一個新興市場，那就是身分政治。不同的社會身分，愈細化愈好。女性主義、同志運動、基督教右派，以及各樣本土運動，都是絕佳的市場分層。

今天光批評「我消費，故我在」抓不著癢處，如今是：「我信，故我消費」。不是因為我沒主見我消費，我不再是「平面人」（馬庫色〔Herbert Marcuse〕語），而是我有 stand、我有 style（有態度、有風格），所以我消費。

1998 年夏，美國《時代雜誌》便曾以「女性主義是否已死？」為題，批評六十至七十年代關心社會的女性主義者不見了，取而代之是整天在談性愛和消費的新一代。李偉儀在她的網上節目《春宵逍》（2006）裏，便大談性快感和性商品。

還有以《粉雄救兵》（Queer Eye for the Straight Guy, 2003~）為典範的同志運動新況（有學者稱之為「全球基男」〔global gay〕）。如今，基就是時尚型男，一個平權運動變成中產基男領導潮流。不被歧視的，仍然是本來就富貴的一羣。

別忘記「基督教右派」，它已經是北美的龐大選票和消費市場。雖然基要派內部有牧者批評這類議程（如麥約翰〔John Macarthur〕），但不少人仍是把政治和經濟擴張等於「上帝得榮耀」。

巴丟是一名無神論者，但他推崇保羅，因保羅傳一個普世福音，有助對抗全球資本主義和身分政治兩個把社會帶進更多不公義的趨勢（這兩個趨勢又互相協力）。在教會醉心於市場分層、空間爭霸以及宗教名牌主義時，巴丟卻引用下面的聖經重新呼籲：人類需要普遍真理！

「並不分猶太人、希臘人，自主的、為奴的，或男或女，因為你們在基督耶穌裏都成為一了。」（加 3:28）

16 鳴鑼主義

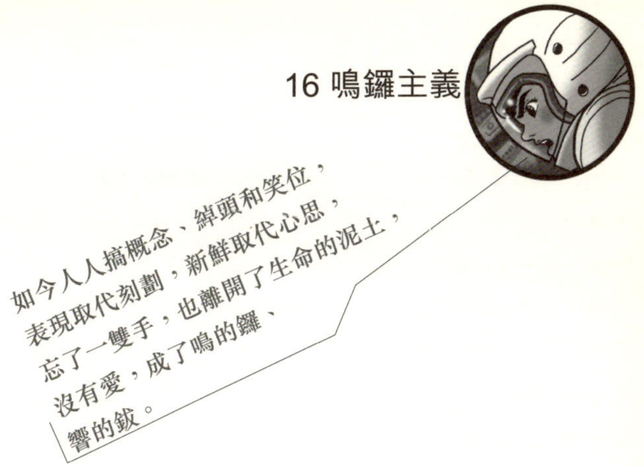

前衛藝術界有一個過半世紀的趨勢，將有助我們理解當代社會另一個精神模態。

1917 年，杜象（Marcel Duchamp）把一個男用尿盆提交給獨立藝術人公會，並且把作品命名為《噴泉》。

1962 年，也就是瑪莉蓮夢露死後同年，沃荷（Andy Warhol）用絲網印制了一系列用她的一幅肖像重新上色而成的作品。十一年後他用相同手法製作的毛澤東肖像，2006 年由香港某富商以過億港元投得。

英國當紅的藝術家赫斯特（Damien Hirst），憑著一條浸製的十四呎長虎鯊，在 1991 年一浸成名。後來他浸製的還有綿羊和分成兩半的牛。

戰後，抽象藝術陷入了悶局。概念藝術（concept art）就在此時興起，説是師承杜象和沃荷。如今，前衛藝術家不再畫畫，而是要有一個概念。赫斯特便説過，藝術家的手並不重要，因為他要做的是傳達一個意念。

問題是，概念只能用一次。香港年青藝術人白雙全，也曾因發現有個概念原來被人用過了，必須更改準備在國際展覽中使用的裝置。

在還是畫牛的年代，一百個人可以畫同一隻牛，正常的牛已足以把這一百個人分高下。今天畫牛不算藝術家，因為人人都是這樣畫，重複是罪，所以有人劏牛。

文化評論家維希留（Paul Virilio, 1932~）批評道，今天表現（presentation）藝術取代了刻劃（re-presentation）藝術。

沃荷曾在六十年代説過，將來每一個人都可以在全世界成名十五分鐘。但問題是，你只能在鏡頭前才能成名。

不論搞文化研究的、搞風水的、搞政治的、教補習的、寫小説的，或是做大廚的，今天都要懂得在鏡頭前做秀。像幾米那樣只懂得畫，最多只能撈一兩筆版權費。

牧師懂得搞 gag（笑點），還要有「潮」的形象設計，已經變得很重要。尤其當牧師跟政治人物一樣，永遠只是熒幕上的一個圖像（icon）時。請珍惜還能跟牧師在門口握手的時光。

藝術，曾經是手藝。一雙手為甚麼重要？因為只有一雙手才能有 heart（有心思），才能流露愛，才能有生命。生命是從泥土裏長出來的，所以手藝自然就是本土藝術。

概念是沒有面孔的。概念很國際化，搞概念只有個人風格，沒有地方的根。

保羅的一句話有助我們審時度勢：「我若能說萬人的方言，並天使的話語，卻沒有愛，我就成了鳴的鑼，響的鈸一般。」（林前 13:1）

藝術家逃避物質，其實是逃避愛，畏懼糾纏。演藝人受人尊敬，是那份敬業樂業，不是綽頭。

今天教會講佈道，講職場，或講牧養，注重的也是概念：vision、idea、gag，不太注重一個人有沒有 heart。沒有愛，信仰淪為「好主意」。

（杜勒，《祈禱手》〔1508〕）

嗚鑼主義，普遍在整個社會泛濫，由立法會到大學到教堂到街角青年。

讓我們重新回到一雙手，用杜勒（Albrecht Dürer, 1471~1528）原是作為某位使徒的手的草圖《祈禱手》（1508）做一個代表：那雙手合掌，不喧嚷，無畏風霜。

17 不准抄寫！

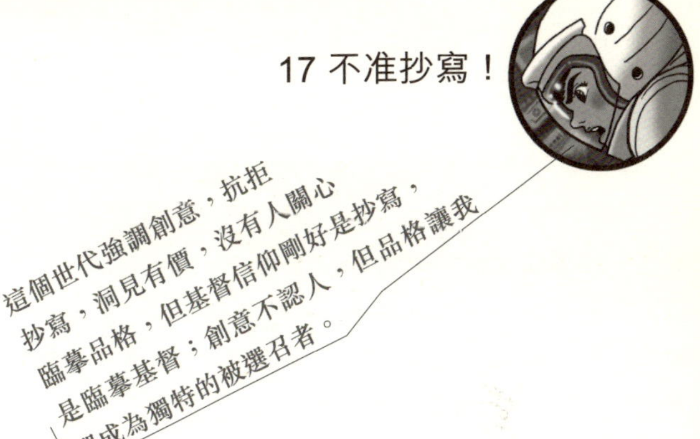

工藝和現代技術的分別是，工藝是跟品格緊扣的，不論日本的茶道、花道，或中國的佛像雕工和琴棋書畫，又或者基督教國度的教堂壁畫，品格、靈性和技藝都是合而為一的。

臨摹，是所有工藝的基本功，不論素描、書法或雕刻，對前人的作品作仔細的觀察和刻劃，它的意義遠超於個人電腦視窗上的「copy & paste」（複製／貼上）指令。

當你模仿前人的一筆、一刀，那裏打開了進入一個精神境界的門。模仿不關心製成品，而是關心重複本身。

當代世界害怕「一樣」，一個人的突出，在於他「不一樣」，而不是他「最好」。而且，我不要學你，你也不要學我。

這是一個概念至上的所謂知識型社會，原創有價，而且可以圖利。如果你跟我一樣，那麼，意味著你抄我，或者，你侵犯版權。這種對抄寫反感的文化有兩面：一方面我不會承認我學了你，一方面你也不喜歡我抄你。

這個世界講求差異（difference），我要跟你不同。但請留意，這個「差異」卻是對你對我無差異的（indifference）。你擁有它，跟我擁有它，它都不會反對。因此，你與我，對於它來說根本沒分別，毫不重要。

我要搶先要註冊一個知識產權，因為這樣我才能獨特，可是，這個要搶的事實正在證明：我根本不獨特。

相反，真正的榮譽，真正使一個人獨特的，都是被選召的。談到英國傳說中的亞瑟王的《石中神劍》，是劍在揀選主人，只有這個人才會被選上。在聖經中，每一個英雄都是由被選召開始，由挪亞到摩西到耶穌到保羅。

沒有工藝，也沒有師承，亦無從談論品格形成，也就是品格倫理所講的那個品格（virtue）。

當代商管新興的教練（coaching），不論商業教練或是生命教練，根本地有別於師徒關係，教練是一門專業，一小時收費一千港元，等價交換。教練是知識社會的另一項概念專業，談不上是教育，更不是師承。

另一項混亂是「門訓」與層壓式商業模式。就是你叫它做「門訓」，它仍然骨子裏是層壓式權力關係，根本地缺乏師徒間的品格抄寫。香港基督教會（Church of Christ）那種挑戰和對質模式，只不過是論述活動和它的權力，沒有人關心品格。

耶穌沒有建立甚麼營商交易模式，他重新定義了師徒關係，把它的抄寫特色擴展到命運層次：「我所喝的杯，你們也要喝；我所受的洗，你們也要受。」（可 10:39）

文藝復興的口號是「回到泉源」（*ad fonte*），也就是細讀，重重複複，用眼睛臨摹。福音教會強調的讀經，上承宗教改革，直溯 *ad fonte* 的口號。

讀經如果有魔力，那不是在概念之中，而是在重重複複的臨摹活動當中。別把讀經搞成創意活動，good idea 跟回到泉源是兩回事。

抄寫、臨摹，那裏才有品格形成，基督信仰從根本上就是要抄基督。

18 掃墓與亡靈神學

現代人想忘記死人，
但掃墓讓忘記永不可能，
忘不了死人的不安，和自己的不安；
基督沒有乾淨美學，他止住死人的不安，
也讓我們不得忘掉死人。

現代社會的空間很乾淨。一方面，那是病理學意義上的乾淨，也就是衛生政策。另一方面，那是空間的徹底世俗化、幾何化和經濟化，去掉神聖，也去掉幽靈。

現代城市最貴價的市中心地，是屬於活人的，那裏最偉大的建築，不是教堂，不是佛像，也不是紀念碑，而是證券交易所，而是金融中心。

死人是屬於城郊的。從每年掃墓的長途跋涉，足以反映死人和活人在空間上的距離，那也是心理上的距離。在那裏，不同宗教背景的死人濟濟一堂，有天主教、基督教、佛教或無神論，他們的過度集中，反映在每年清明重陽的封路措施，一時間活人都要擠到同一個高度密集的地方。

不同宗教墓地，那是宗教共融嗎？不，那只不過是集體的孤獨。

城市人極力把死人和活人的空間分隔，讓死人隱沒到視線之外，只是這項嘗試永不成功。一年一度的盂蘭盆會，還有坊間不同地方的鬼故事，還是讓我們不能忘記空間的不清不楚，在空無一人的一室之內，我們想：真的沒有「其他」嗎？

掃墓是奇特的，它讓怕死的都市人向他所怕的地方走去。掃墓，是因為有一個我認識的人死了，而且，他重要得不能忘記。掃墓讓我們發現，活人與死人不是分得那麼開的。沒有死人，那有活人？

焚香、燒衣，明明違反了現代人愛乾淨的城市精神。只是，正正是燒盡、耗費，那團烈火和飛灰，才滿足了獻的渴求。浪費，才讓我們感覺所做的，比日常生活更多，那按照交換經濟運作的活人生活。

掃墓，是團契，而且是吃的團契。分享獻奉的燒豬，和那些沾了灰燼的蝦餃燒賣，那讓我們感覺到團聚。在死者面前，我們團聚。

只是，死人和活人太近了，令我們懼怕。死者，提醒我們早晚要成為他們的一份子。有些人經過墓地，會合手拜一拜，因為他害怕死人攪擾他的生活，他作為活人的生活。

超渡，走得比燒香和燒衣更前，那裏道士或僧侶扮演著「巫」的功能。吵鬧的祭樂和戲劇化的儀式行為，對亡靈餵食、領路，那已經是對死人世界調控和駕御的訴求。

基督信仰，沒有任何對死者操控的靈界技術，只有復活的主，曾把福音傳給陰間的死人。焚香和殺牲，大膽地在教會羣體中停止了，因為他們確信，亡魂已經安靜，已經飽足，因著基督生命的耗費、掰開。

吵鬧的儀式和焚燒的煙與灰，不過是活人還想面對死人的嘗試，也是活人世界的不可能。基督，回答了燒衣的渴求，並吃燒肉的團聚。

現代教會的福音，沒吃喝，沒渴求，炫耀自己的乾淨美學（寧靜、優雅、衛生）。這樣，教會忘記死人，並活人面對死人的困境，也忘記基督的身體是死人和活人的團契。

19 身分政治與替代說

身分政治講述戰事，但它的可能性是在於倫理已經發生，有人已經替代；不要感激替代，但也別忘記，忘記是一項不義。

記得，一集日本科幻動畫裏，在宇宙戰場上，她的機動戰士被徹底摧毀，在強光中煙消雲散。遠方不知道她死去的他，就在她死的時候疼痛。他不斷問：為甚麼我會刺痛，為甚麼我會刺痛……

一個人的死，他的痛苦，若真的可以在另一個靈魂裏擴散，例如在一公里內擴散，世界大概不會爭戰。

巨大的摧毀，是因為我們令自己免於別人的痛苦，才可以執行。

列維納斯（Emmanuel Levinas, 1906~1995）一早講過面孔。當我與他者遇上的時候，他者的面孔向我發出呼喚，它呼喚說：不可殺人！

列維納斯指出，倫理早於我們抉擇的一刻，早於我們主體的自由。倫理，早於理性的選擇，它是一種前選擇的身體感覺，它在於我的易傷（vulnerability）。他要在海德格和存在主義以外，開展新的主體性（即生產新的「我」），1970 年代起影響席捲歐陸。

當下的政治，已經由階級和種族的，演化成為身分的。當中又以性政治最為熾熱，性／別、性向、情慾多元、身體自主，情慾愈細緻，身分愈小眾。

身分政治講的故事，是奪權的戰事編年史。但身分政治的可能，正正否定它的故事。

衝擊教堂和在書室揚讀宣言，幾乎以為自己是在釣魚台島宣示主權。難道它的氣焰真的嚇怕了天主教徒，讓他們呼籲尊重妓女？

女人的空間被打開，總是有一個男人被打動了，做了正正不是女人所描述的男人所做的事。同樣，同志空間的打開，總得有一個異性戀者站起來，這個異性戀者剛好掉落在他們的加害者／被害者框架之外。

就像在地鐵車廂裏讓座，沒有一個座位是奪回來的，總得有人站起來，把座位讓出。但讓座之所以可能，也正是因為它被隱藏，讓座者總是盡快逃離現場，忘記讓座。

列維納斯講過，面孔的呼召，讓我替代。我替代他，但他並沒有替代我。

談論身分，讓我們也談論替代。替代，不是出於選擇，沒有人要感激替代。替代，不是一項權利。但替代也不是無意識的生物性本能（這是《狗咬狗》〔2006〕電影裏所講的另一種替代），它是我做的，它是倫理的。

不用感激替代，但也請勿忘記替代，忘記是一項不義。把讓座說成戰績，是撒謊。

身分政治，不介意撒謊，那是因為身分被絕對化，無視他者。當身分政治只懂在傳媒前做秀，那是陷入媚俗，那是否定身分政治背後有甚麼值得追求的普遍價值。只是，否定普遍性，正正否定自己的合法性。

作為福音教會，必須重新思考替代說。「一人既替眾人死，眾人就都死了」（林後 5:14）。替代，不是要把福音私人化，而是要成為福音公共性的基礎。

我們得到一些東西，總意味著在世界甚麼地方有人捨棄了。在我們能夠因別人的靈魂而疼痛之前，至少讓我們記得那些讓座後逃離的面孔。

20 忘記性解放

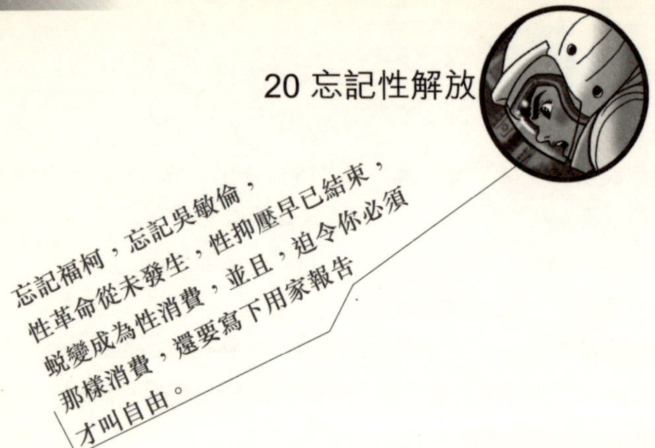

布希亞（Jean Baudrillard, 1929~2007）逝世，文化人朗天寫文悼念。他提到布希亞的一本著作《忘記福柯》（1987 英譯版），說封底的題字「忘記布希亞」很酷。

「忘記布希亞」是該書的編輯羅廷格（Sylvère Lotringer）做的一篇布希亞訪談。改這個名，也是要減低一下書名的銳氣。布希亞的文章，本是福柯（Michel Foucault）新書的引言。那麼刺耳，難怪不獲採納，最後要變成獨立書出版。

為甚麼忘記福柯？因為，福柯的魅力，正是他所談的權力，他就是這權力的鏡像。布希亞指，在《性史》（*Histoire de la sexualité*）裏，福柯談得仔細的，不正是因為那已成過去嗎？布希亞批評説，階級鬥爭不是由馬克思主義發動，而是由它親手結束；同樣，精神分析不是在釋放潛意識，而是把它了斷。當福柯説，要把性「流體化」，以此為解放，但那不正像資本流動嗎？

曾聽電台裏主持人和吳敏倫侃侃而談，説到性隨便就像打乒乓球。他們所嘲笑的性抑壓，不是早已結束了嗎？相反，他們的嘲笑，不正是他們所嘲笑的抑壓本身嗎？只不過，這種抑壓不再是叫你對於性要閉嘴，而是不准你閉嘴，迫令：你必須開放！

當我們的電台主持可以在大氣電波中談性風生，為甚麼我們還相信所講的抑壓，仍然是人類進步的敵人？若主持人是在被亂石打死之間，呼喊著：「我不怕性抑壓！」我相信，他真是抵抗性抑壓的烈士。

後現代社會學大師鮑曼（Zygmunt Bauman, 1925~），同樣批評性革命，認為它並非如其所聲稱的所是，是解放世界的革命。鮑曼指，性革命不過是站在早已倒塌的頹垣敗瓦上領功。——其實，性革命曾經發生嗎？

如今，若有一點「色」，反而為你帶來個性魅力。相反，例如有大學生夫婦一直不育，原來是因為不懂行房，他們就像民智未開的原始人，被文明人拉出來示眾和巡遊，只是獨欠沒雙雙「浸豬籠」而已。性解放，不正是接收了性抑壓的全部權力和壓制嗎？

女性主義者辛格（Linda Singer, 1966~），在她的著述裏（*Erotic Welfare*, 1993）同樣提到，性解放和資本主義的微妙關係。正是大量男男女女，樂意進行無償（即不涉及金錢交易）但頻繁的性愛，才支撐起「性」作為資本主義的新興市場。

有關「性解放」的語言，是一把重疊的聲音（doubled voice）。它一方面是所説的內容，一方面也是它的説話姿勢。怎樣説和所説的重疊。性解放不只是單單如此一個解放，它還是一種強制，強制對「性」的告解（confession）；只不過，如今告解的不是過錯，而是用家報告。把你的「性」活動公諸於世，才算自由。

而在這種對告解的興趣中，有一種生活佔盡上風，就是優皮族（yuppies）的性放蕩。例如陶傑監製的那本 Michelle's Diary（2007）。完美的性自由典範，不就是有高收入但愛蒲愛名牌的單身貴族嗎？

解放，不是指回到本真（authenticity），終結異化嗎（「無產階級」不就是那代表全人類的本真嗎）？性消費，不再要你吃苦，不再切掉你的一片肉，而是要你在狂喜中跳進湯鍋，徹底分解在全球資本流動中。

21 在死亡裏團契
（悼　某天某廣場上的某事件）（註 1）

「我們沒有一個人為自己活，
也沒有一個人為自己死。」
（羅 14:7）

基督教，是一個以死亡為起點的宗教。它之所以作為垂死的人和必死的人的安慰，不是因為它有甚麼現世主義者會視為虛假的應許（就像電影《鐵達尼號》〔Titanic, 1997〕裏，唸著啟示錄的牧師和圍著他的怕死羣眾），而是因為沒有死亡，基督教是不會建立起來的。

當許多宗教是以創教者的言論作為它的基礎，基督教的基礎，不是創教者的言論，而是創教者的死亡。如果復活被批評為荒唐的神話，那麼死亡就是荒唐的人生現實，它也就是一個所謂荒唐的復活信仰的物質（material）起點。

當保羅提出忠誠於信仰的要求時，他訴諸於一個普遍的事實：我們不是為自己而活，也不是為自己而死。

在個人主義和自我主義的煙幕下，我們看不見世界真正的操作、真正的現實：我們，都不是為自己而活；換句話説，我們，總是為他人而活下去，雖然我們不一定能説出他人是誰。

反過來，也別給自殺的新聞給弄糊塗了；我們，都不是為自己而死；我們，都是為了別人而死（自殺無非是逃避這個「別人」）。套用猶太哲學家列維納斯（Emmanuel Levinas, 1906~1995）的他者倫理：他人，先於我；他人永遠在我的選擇以先，成為我的重負，把我擄劫（hostage）。

基督教的聖餐，就是死的團契，餅與杯，是要在基督死的形狀上聯合；這是水禮班的 ABC，只是別少看它；如果我們懂得死守在這一點上（也就是基督教的原材料），基督教會永遠不可能變成沉溺消費還自詡最履行大使命的「消費福音主義」（Consumer Evangelicalism），它也永遠通得過「上帝是否只不過是虛擬」的後現代真偽測試。

只有死亡，才能成為人與人之間牢不可破的團契的基礎。

香港，永不作為團結人民的身分，因為沒有一個香港人曾經因為「是一個香港人」而死亡。米蘭昆德拉（Milan Kundera）在《帷幕》(*Le rideau*)裏，提到 1938 年兩個捷克外交官，他們等了一整晚後被處決，他們是為了作為捷克人而被處決。帕慕克(Orhan Pamuk)在《我的名字叫紅》(*Benim Adım Kırmızı*)裏，也提及一個土耳其騎兵，他出征後沒有回家，留下了妻子和兩個兒子。國族身分形成，是因為我們當中有人為了作為國族的一份子而死。

沙士時死去的醫護人員，是為作為醫護人員而死；梁成恩的死，是因為他是警察；而黃家熙，是為了作為消防員而死。殉職的光榮是社會的論述建構(誰在有選擇下會要這份光榮？)，但這些職業給人的尊榮感，不是因為我們真的給論述弄糊塗了，而是因為我們永不能把曾經死去的人也化成一堆論述。

如果，有人為作為一個國家的告誡者而死？如果，有人為一個國家作夢而死？如果，有人正因為他接受作為國家的承擔者而死？

歷史的建構性是無可置疑的，這種反身性(reflexive)思考有助我們認識歷史，而不是否定歷史，陷入論述的相對主義裏(事實上不少知識分子對教會歷史一樣抱著這種態度，一種近乎教條的相對主義信念)。有一件事抵制著歷史論述的相對化(試想下把南京大屠殺說成只是不同民族的詮釋角度問題)，那就是死去的人，和記得他/她的別人。這種記憶是強制的，不是記得他們的人的自由選擇。那是一種他者(已死者)的呼召，那是我們無條件負上的責任。就像有人跳下海救人，人救了，自己卻死了，那是不是對在生的妻兒不負責任（想像他只是懂拯溺的路人）？不，那裏根本沒有選擇，那是一種當下的無條件的承擔。

如果「旁觀他人的死」（套用女權主義者桑塔格〔Susan Sontag, 1933~2004〕語）是一項不道德（就如各暢銷報章對拍攝車禍死者死狀的沉溺，一種傳媒淫穢），那麼被他人的死逮捕，站在墓地沉思，卻是一項倫理。

沉思為了國族而死的人，我們才可以在一片欣欣向榮的土地，在那個偉大的資本主義的待開發市場之上，勉強看見還有那稱為「精神」的東西，還有那能夠讓陌生的人團結在一起的東西。

如果發覺記憶是因為害怕忘記，要記得那是一項病徵；是的，我病了，因為我們都病了，在我們的失語症未轉好前，讓我們繼續沉溺在記憶中。至少，我們還能安睡，對得住記憶裏的呼召。

至於現世主義者厭惡的復活神話，基督徒還會一起擁抱，像他擁抱死亡一樣，要在基督復活的形狀上聯合。因為，他人的呼召太沉重，歷史的記憶可以把靈魂壓碎，只有基督的未來才能讓我們有力量說出歷史的希望，直等到祂來：

飯後，也照樣拿起杯來，說：「這杯是用我的血所立的新約，你們

每逢喝的時候，要如此行，為的是記念我。」（林前 11:25）

註 1：本文曾刊於《時代論壇》第 1032 期，眾議園，本篇略作修改。

緊扣時代　服事教會

以文字傳揚基督真道

讀者意見表

衷心多謝你購買本社書籍。本社一直致力以出版事工服事教會，幫助信徒扎根於神的話語，促進靈命增長。為使我們的出版更能滿足你的需要，請填寫下列各項資料，並寄回或傳真予本社。

所購書籍：＿＿＿＿＿＿＿＿＿＿＿＿＿＿＿＿

本書最吸引你的地方：

□作者　□適切性　□文筆　□設計　□實用性

□其他：＿＿＿＿＿＿＿＿＿＿＿＿＿＿＿＿

購買本書地點：

□基道書樓　□基督教書店　□非基督教書店

性別：□男　□女　職業：＿＿＿＿＿＿＿＿

信仰：□基督徒　□非基督徒

年齡：□ 16 歲或以下　□ 17～25 歲　□ 26～35 歲

□ 36～55 歲　□ 56 歲或以上

學歷：□中三或以下　□中五　□預科

□大學　□研究院

□我欲更多了解基道出版社的事工及考慮支持，請寄給我下列資料：

□機構簡介　□新書資料　□基道會員通訊

□《基道文字事工通訊》

姓名：＿＿＿＿＿＿＿＿＿＿＿＿電話：＿＿＿＿＿＿＿＿

地址：＿＿＿＿＿＿＿＿＿＿＿＿＿＿＿＿＿＿＿＿＿＿

＿＿＿＿＿＿＿＿＿＿＿＿＿＿＿＿＿＿＿＿＿＿

傳真：＿＿＿＿＿＿＿＿＿＿電子郵件：＿＿＿＿＿＿＿＿

其他意見：＿＿＿＿＿＿＿＿＿＿＿＿＿＿＿＿＿＿＿＿

＿＿＿＿＿＿＿＿＿＿＿＿＿＿＿＿＿＿＿＿＿＿＿＿

多謝賜教！

意見表可以傳真（2687-0281）或直接郵寄以下地址：
香港沙田火炭坳背灣街26號富騰工業中心1011室
基道出版社編輯部收